「하다」와 「する」의 言語学

金愛東 著

지식과교양

머리말

    한 · 일 양어가 기본적인 언어의 구조를 시작으로 많은 부분에 걸쳐서 유사하다는 것은 이미 잘 알려져 있다. 이 때문에 한국어를 모어로 하는 일본어 학습자는 영어 등 다른 외국어와는 다르게 일본어가 습득하기 쉬운 언어로 인식되고 있다. 그러나 한 · 일 양어가 유사한 것은 한국어를 모어로 하는 일본어 학습자가 일본어 습득이 빠른 경향은 있을지 모르지만 일본어다운 일본어를 구사한다는 면에서는 쉽지 않다.

    본 서는 「하다」와 「する」가 한 · 일 양어에서 가장 기본적인 동사로서 다양한 용법을 가지고 있어 복잡한 양상을 띠고 있다는 점에 착안하여 대조 언어학 관점에서 살펴보았다.

    어형성의 면에서 「하다 동사」 와 「する동사」를 고찰한 결과 어구조를 보면 한 · 일 양어 중 어의가 일치하는 한자어에 대해서 품사와의 대응 관계는 어의 품사 · 용법이 거의 일치하는 한자어가 많기 때문에 한국어를 모어로 하는 일본어 학습자는 한자어를 쉽게 습득할 수 있는 장점도 있지만, 그 때문에 오히려 미묘한 용법이나

상이점을 안이하게 받아들여 잘못된 표현을 쉽게 사용할 수 있는 문제점도 있다. 한자어의 정확한 용법을 논하기 위해서는 한자어 만이 아니고 양 언어의 구조 전체의 검토가 필요하다.

이상과 같이 어형성의 면에서부터 보면 「하다·する」가 동사화 하는 기능을 공통으로 가지고 있다. 특히, 양어 모두 한자어 명사가 선행 요소인 경우는 생산적인 것을 지적할 수 있다. 그러나 개별적 인 어휘로 습득하지 않으면 모어와는 다른 표현 형식이기 때문에 특별히 의식하지 않는 한 오용을 피할 수 없을 것이다.

「하다」와 「する」와의 상이점에 있어서 한국어에는 존재하지 않 는 「~がする」 표현은 한국인 학습자에 있어서는 「する」를 「하다」 와 같은 것이라고 파악하고 있는 점이 많기 때문에 「~がする」 구 문의 명사를 단순히 이해하는 것이 아니고 이러한 표현 문형을 하 나의 단위로 하여 이해하려고 하는 것이 일본어 습득에 효과가 있 을 것으로 보여진다.

金愛東

차례

표 목차

「하다」와 「する」의
言語学

제1장

서 론

한국어의 「하다」와 일본어의 「する」는 각각 한·일 양어에 있어서 기본적인 동사 중의 하나이고, 다양한 용법을 가지고 있다. 일본어의 「する」에 상응하는 한국어의 「하다」에 관한 연구는 활발하게 진행되고 있지만, 일본어의 「する」에 관한 연구와 그 전체상을 파악할 수 있는 연구는 미약한 편이라 볼 수 있다.

한국어의 「하다」와 일본어의 「する」는 서로 비슷한 성질을 가지고 있다. 「하다」와 「する」는 함께 동사화하는 기능을 가지고 있는 점이 대표적인 예의 하나이다. 그러나 서로 같은 성질이 있기 때문에 오용이 생기는 경우도 일본어 습득 과정에서 많이 볼 수 있다.

본 서에서는 어형성과 문형의 양면에서 한국어의 「하다」와 일본어의 「する」의 대조 연구를 통해서, 한국어의 「하다」와 일본어의 「する」에 어떠한 공통점과 다른 점이 있는가를 살펴보기로 한다.

　이는 한·일 양어의 공통점과 차이의 배경을 규명할 수 있으리라 본다. 따라서 그 결과를 바탕으로 한국어를 모어로 하는 일본어 학습자의 일본어 습득에 응용하는 것에 매우 도움이 될 것이다.

　한·일 양어의 기본 어휘 중의 기본 어휘인 「하다」와 「する」는 폭넓고 추상적인 어의를 갖고 있으며, 또한 어떤 전항 요소와 결합하느냐에 따라 다양한 의미와 용법을 갖게 된다. 「하다」와 「する」는 의미·용법에 있어 많은 유사점을 지니고 있지만 세부적인 면에 있어서는 상이점도 적지 않다.

　「하다」와 「する」는 어형성에 있어 동사를 만든다는 기본적인 동질성을 갖고 있으나 대응하는 선행 요소가 동사를 만드는 데 있어서 일치하지 않는 경우와 전항 요소가 동사를 만드는 데 일치하더라도 자·타동사의 분류가 다른 점 등 문법적 성격이 다르기도 하다.

　「하다」는 상태성의 선행 요소와 결합하여 형용사를 만들 수 있지만 「する」[1]는 형용사를 만들 수 없다. 또 선행 요소가 격조사를 취하는 경우에도 문맥, 장면 등에 따라 대응하지 않는 등 「하다」와 「する」는 어휘적, 통사적 차원에 걸쳐 의미·용법상의 다양한 상이점이 있다. 이러한 상이점은 대응형식도 다양한 양상으로 나타내고 있다.

　또한 「하다」와 「する」의 유사점 및 상이점에 대해서는 전항 요소의 대응현상을 기존 연구를 바탕으로 전반적이고도 체계적인 대조

---

1) 일본어 용언의 품사는 형태소의 기준으로 분류하기 때문에 「する」가 붙으면 동사로 분류한다.

연구가 필요하다.

「하다」와 「する」는 의미・용법이 다양하여 어휘적, 통어적 차원에서 그 상이점도 매우 다양하며 한・일 양어에서의 사용 빈도가 높은 점을 감안하면 매우 중요한 과제 중 하나이다.

여기에서는 「하다」와 「する」에 기존 연구를 바탕으로 그 의미・용법의 상이점에 대하여 전반적이고 체계적인 대조를 통하여 한국인 일본어 학습자 및 교수자에게 일본어 교육의 효율성을 제고하고자 한다.

본 서에서는 먼저 한국어와 일본어를 대조 언어학적 관점에서 살펴보고, 「하다」와 「する」 각각의 선행 연구와 「하다/する」의 대조 연구의 선행 연구를 검토한다.

다음, 어형성 관점에서 「하다 동사」와 「する動詞」를 대상으로, 주로 형태론적인 대조를 통하여 공통점과 상이점을 고찰한다.

전항 요소인 외래어・한자어를 주 범위로 한정하고 「하다」와 「する」의 선행 요소(외래어・한자어)가 각각 어떻게 대응하고 있는가를 고찰하여, 「하다」와 「する」와의 상이점을 살펴본다. 이는 「하다」와 「する」가 서로 어떻게 대응하는가를 밝히기 위해 선행하는 외래어와 한자어가 양 언어에 동일하게 존재하기 때문에 중점 대상으로 하였다.

또한 본 서에서 사용하고 있는 기호의 의미는 다음과 같다.

* : 비문법적인 문의 경우

? : 비문법적이라고 판단하긴 어렵지만, 의미가 부자연스럽거나 이상한 경우

제2장

「하다」와 「する」에 관한 연구

제1절 「하다」에 관한 연구

한국어의 기본 어휘 중의 기본 어휘인 동사 「하다」는 일본어의 「する」와 같이 어의가 희박하고 넓게 사용되며 문법적 비중도 크고 그 용법이 다양하여 오래 전부터 많은 문법학자가 연구대상으로 주목하여 많은 연구를 거듭하였다. 주로, 문법적 성격에 대한 분석 및 이와 관련된 의미·용법의 고찰이 주류를 이루었다.

주시경(1910)의 『국어문법』을 시작으로, 박승빈(1935)의 『조선어학』, 최현배(1937)의 『우리말본』 등의 연구를 들 수 있다.

주시경(1910)은 「착하다, 단단하다, 노래하다, 더하다」에서 「하다」는 각각 형용사와 동사를 형성하는 전성접미사로, 「노래하다」에서 「하다」는 동사로 분석하고, 「일하게 하다」는 명사의 「일」에

「하」가 붙어 동사화한 것에 어미인 「게」가 붙어 부사를 형성하고 거기에 「하다」가 붙어 동사를 형성한다고 분석하였다.

박승빈(1935)은 「하다」를 동사의 「세」 형태를 나타내는 동사라고 한다. 「사랑, 구, 활동」 등의 단어는 동작을 표현하는 의미를 갖고 있지만, 「세」가 충족되지 않고 「하다」가 어미로써 첨가된다고 말한다. 박승빈의 연구는 「하다」 그 자체 뿐만 아니라 선행 요소의 의미에도 주목하였다.[1]

최현배(1937)는 「하다」의 문법에 관한 모든 내용을 고찰하여 이후의 「하다」 연구에 큰 영향을 미쳤다. 최현배는 「하다」가 여러 환경에 따라 나타내는 표면적인 문법적 기능을 분류하고 있으나 「하다」가 지니는 공통적인 의미나 기능에 대해서는 뚜렷하게 언급하고 있지 않았다. 문법적 기능을 크게는 본동사, 보조동사 및 보조형용사, 접미사로 구분하여 다음과 같이 분류하였다.

(1) 본동사 : 「하다」가 단독으로 쓰일 경우를 나타낸다.
　　예 : 공부를 하다.

(2) 보조동사 및 보조형용사 : 동사나 형용사 등의 용언과 결합하는 경우를 나타낸다.

　　a. 否定 보조동사

---

1) 서정수(1975)는 「하다」가 『세』의 형태를 표현하는 동사로 되어 있다는 것을 「형식동사」라고 하는 관념으로 이어 받아 정리하였다.

부정부사를 보조동사로 만듦 : 동사+부정을 나타내는 부
사(아니/못)+ 하다

예 : 가지 아니하다, 가지 못하다.

b. 仮飾 보조동사

의존명사(척/체/양)를 보조동사로 만듦 : 척/체/양+하다

가는 체/척/양하다(그런 체 하는 것을 나타내는 형식명사
척/체/양)

예 : 자는 척하다, 자는 체하다.

c. 過機 보조동사

「-번」을 보조동사로 만듦 : 번+하다 어쩌면~했을지도 모
르다라는 의미

예 : 갈 번하다.

d. 是認的 대용보조동사

시인동사를 대신함 : 동사+기는(도)+하다

예 : 가기는 하다, 가기도 하다.

e. 当爲 보조동사

선행하는 용언에 당위성을 부여함 : 동사+어떤 조건을 필
요로 하는 의미를 표현하는 연결어미(어)이+하다

예 : 가야 하다.

f. 使動 보조동사

　선행동사를 사동표현으로 만듦 : 동사+게+ 하다

　예 : 가게 하다.

g. 否定 보조형용사

　부정부사를 보조형용사로 만듦 : 형용사+지+부정부사
（아니, 못)+하다

　예 : 높지 아니하다, 높지 못하다.

h. 推測 보조형용사

　의존명사「듯」을 보조형용사로 만듦 : 듯/법+하다

　할지 말지 잘 모르는 상태를 추상적으로 나타내는 형식명
사+하다

　예 : 갈 듯하다, 갈 법하다.

i. 価値 보조형용사

　「만」을 보조형용사로 만듦 :「(으)ㄹ만/(으)ㅁ다. 직+하
다」

　「만하다」가 어미「(으)르」에 대해 동작 · 상태의 정도를
나타낸다.

　예 : 믿을 만하다, 믿음직하다.

j. 是認 보조형용사

시인형용사를 대신함 : 「형용사+도/는/야+하다」

예 : 귀엽기도 하다, 귀엽기는 하다, 귀엽기야 하다.

(3) 전성접미사 : 「하다」가 다른 요소를 품사로 전환하는 종류
를 나타낸다.

a. 동사전성접미사(선행어를 동사로 바꿈 : 명사어 기/부사
+하다

　명사 → 동사 : 일하다/일+하다, 말하다/말+하다, 사랑하
　　　　　　　　　다/사랑+하다

　부사 → 동사 : 더하다/더+하다, 주렁주렁 하다/주렁주렁
　　　　　　　　　달려 있는 모양을 나타내는 부사+하다)

b. 형용사전성접미사(선행어를 형용사로 바꿈 : 명사어 기/
부사+하다」

　명사 → 형용사 : 진실하다/진실+하다, 악하다/악+하다,
　　　　　　　　　　청결하다/청결+하다

　부사 → 형용사 : 얼룩얼룩하다(얼룩얼룩한 모양을 나타
　　　　　　　　　　내는 부사+하다)

상기의 「하다」의 의미·용법에 대한 기술은 한국의 국어교육에
큰 영향을 미치고 있다. 그러나 「하다」의 표면적 기능을 여러 가지
명칭으로 분류하고 있는 것은 간결성의 결여라고 지적되어, 이후

「하다」의 기능을 간결하게 하는 연구가 진행되고 있다.

송병학(1967)은 본동사로서의 「하다」와 접사로서의 「하다」를 같은 것으로 설명하였다. 즉, 「명사+하다」를 일종의 명사적 동사로써 취급하고 있다. [2] 또 「구하-, 변하-」의 경우에 있어서는, 「하-」가 동사의 어간요소로 보고 있다.

한편 박승빈(1974)은 「하다」를 실용적 의미의 어떤 본동사로써 일관되게 취급하고 있고, 「하다」를 영어의 'to do'와 같은 것으로 「하다」가 명확하게 동작의 의미를 갖고 있는 것으로 보고 있다.

(1) a. 나는 그 여자를 좋아한다.
   b. 나는 그 여자를 싫어한다.

(2) a. 나는 그 여자가 좋다
   b. 나는 그 여자가 싫다.

즉, 예문(1)의 「좋아하다, 싫어하다」는 비상태성 동사이고, (2)의 「좋다, 싫다」는 상태성 동사이며, 양자의 차이는 행위와 동작을 의미하는 「하다」에 따라 목적어를 필요로 하는 「하다」는 접사가 아닌 동사라는 것이다.

송병학(1974)은 동사를 형성하는 「하다」를 「代動詞」, 형용사를

---

2) 예를 들면 「공부하-」와 같은 형태는, 「공부를+하-」와 같은 분리형태부터 목적격 조사가 임의로 탈락하여 형성되었다고 서술하고 있다.

형성하는 「하다」를 「代理動詞」로 분리하여 이른바 파생동사와 파
생형용사를 형성하는 「하다」를 접사가 아닌 동사로 보았다.

　서정수(1975)는 「하다」에 관한 기존의 연구들이 대부분 부분적
인 것에 비해 포괄적인 연구를 진행하였다. 「하다」에는 기본적으
로 「형식동사(dummy verb)」와 「대동사(Pro-verb)」로 기능으로
분류하여 「하다」의 용법을 설명하고 있다. 이는 종래의 방법론과
달리 선행 요소의 의미분석에 중점을 두고, 「하다」의 기능을 규정
하려고 하였다. 즉, 「하다」의 본질적 기능은 형식동사와 대동사의
기능으로 나누어지며 이러한 기능의 구분은 선행 요소의 의미적
특질과 관련을 가진다고 하였다. 선행 요소를 의미적 특질에 따라
실체성 선행 요소와 비실체성 선행 요소[3]로 구분하고 비실체성 선
행 요소에 접속되는 「하다」는 형식동사의 기능을 가지며, 실체성
선행 요소와 함께 쓰이는 「하다」의 경우는 대동사의 기능을 가진
다고 하고 있다.

---

3) 비실체성은 다시 상태성과 비상태성으로 나누어지고 비상태성은 다시 동작성
　과 과정성으로 하위구분된다.

〈표1〉「ha」의 전항 요소의 의미적 특질[4]

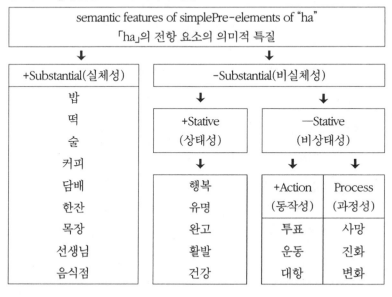

semantic features of simplePre-elements of "ha"「ha」의 전항 요소의 의미적 특질			
+Substantial(실체성)	-Substantial(비실체성)		
밥 떡 술 커피 담배 한잔 목장 선생님 음식점	+Stative(상태성)	—Stative(비상태성)	
	행복 유명 완고 활발 건강	+Action(동작성)	Process(과정성)
		투표 운동 대항	사망 진화 변화

실체성 명사와 비실체성 명사의 차이는, 다음과 같은 테스트에 의해 분명하게 알 수 있다.

(3) a. 아버지가 음식점을 하다.
　　　お父さんが飲食店をする。

b. 아버지가 하는 음식점
　　お父さんがする飲食店。

---

4) 서정수의 「ha」의 전항 요소의 의미적 특질을 학습자가 쉽게 이해하기 위하여 필자가 재구성하여 만든 표이다.

c. 아버지가 음식점

お父さんが飲食店。

(4) a. 시민이 투표를 했다.

市民が投票をする。

b. 시민이 하는 투표

市民がする投票。

c. 시민이 투표

市民が投票。

　실체성 명사의 경우는 (3)c의 「아버지가 음식점」과 같이 형태를 취한 경우, 「아버지가 하는 음식점을 하다.」라는 의미로 취하기 어려운 것에 비해, 비실체성 명사인 (4)c의 「시민이 투표」라는 행위를 나타내는 것을 알 수 있다.

　이와 같이 「하다」의 전항 요소는 상태성과 동작성, 과정성의 여부에 따라 나눌 수 있다.

　형식동사의 기능을 가진 「하다」는 상태성이나 동작성의 서술내용을 나타내는 선행 요소에 「하다」가 어미형태로 첨가되어 동사의 형태를 갖추게 하는 것이 주된 기능이다. 이는 선행 요소에 동사의 형식을 갖추게 한다는 점이 전성접미사의 기능과 일치한다고 하고 있다.

　　대동사로서의 기능을 가진 「하다」는 형식동사로서의 「하다」가
서술적 의미를 가지는 선행 요소에 형식적인 구문기능을 추가시키
는 기능을 대리한다.

　　서정수(1975)는 「하다」가 형성하는 동사구(Verb Phrase)를 단
순동사구와 복합동사구로 나눠, 단순동사구의 「하」의 선행 요소의
의미적 특성을 다음과 같이 규정하고 있다. 단순히 「하-」는 「하-」
가 표면구조에 있어서 명사, 명사성 혹은 상태성어근과 접속 결합
한 경우를 나타낸다.[5]이것은 종래동사를 형성하는 접사로 취급된
것에 해당한다.

　　「하-」의 선행 요소는 먼저 실체성과 비실체성으로 크게 나눠진
다. 실체성의 선행 요소는 「사람, 동물, 장소」 등을 나타내는 것이
다. 비실체성의 선행 요소는 「행복, 확실」 등의 상태성을 가진 것
과, 상태성을 갖지 않는 비상태성의 선행 요소로 나눠져 있다. 비상
태의 선행 요소는 「운동, 활동」 등의 동작성의 선행 요소와 「변화」
등의 과정성의 선행 요소로 다시 하위 분류된다.

　　즉, 「선행 요소+하-」가 단어를 구성할 때, 선행 요소가 실체성의
선행 요소일 때는, 다른 적절한 동사를 대신하는 「대동사」이고, 선
행 요소가 비실체성의 요소일 때는 실질적 의미를 갖지 않고 단순
히 술어화하는 기능밖에 없는 「형식동사」로써 파악하고 있다.

　　그러나 「하다」에 형식동사와 대동사와의 기능이 있다는 것은 인
정할 수 있으나, 그것이 반드시, 선행 요소의 의미에 따라서 결정된

---

5) 「사랑하다, 흔들흔들하다」 등이다.

다고는 할 수 없다. 동작성 명사인 비실체성 명사와 결합하는 「하
다」를 다른 동사로 바꿔 놓을 수 있는 경우도 있다.

(1) a. 사회를 하다.
    b. 사회를 보다.

(2) a. 장난을 하다
    b. 장난을 치다.

따라서 반드시 「하다」의 선행 요소의 의미에 의해 「하다」의 기능
이 형식동사와 대동사로 나눠지는 것은 아니라고 할 수 있을 것이
다.

서정수(1996)는 「하다」의 기본적인 기능을 형식동사와 대동사
로 구별하지 않고 「대행기능」으로 총괄하여 「대행기능」을 (1) 「서
술형식의 대행기능」 (2) 「특정상황의 동사의 대행기능」 (3) 「특정
용언의 대행기능」으로 하위 분류[6]하고 있다.

지금까지의 선행 연구에서는 「하다」의 통어론적 · 의미론적 기
능에 있어서 어떠한 성격을 띠고 있는 지에 초점을 두었다. 그러나
심재기(1982)는 어형성론적 입장에서 「하다」를 「동사화소」, 즉, 파
생 접미사적 기능을 가지고 있다고 주장한다.

---

6) (2)의 「특정상황의 동사의 대행기능」과 (3)의 「특정용언의 대행기능」은 서정
   수(1975)의 대동사에 상당하는 것이다.

심재기(1982)는 서정수(1975)의 선행 요소의 분류에 의거해 동사화소의 하나로 보고, 「하다」의 문법적 기능을 (1) 「서술 기능 대행」 (2) 「서술 기능 완결」 (3) 「서술 기능 이행」의 세 가지의 통어적 기능으로 분류하고 설명하고 있다.

① 「서술형식의 대행기능」[7]은 「나무하다, 머리하다」 등처럼 용언의 의미 기능은 지니고 있지만 용언의 형식을 지닌 것은 아니다. 즉, 서술어 기능이 없는 실체성 선행 요소와 결합하여 서술적 기능을 하고 있는 경우로서 실체성 선행 요소가 「하다」와 결합하여 쓰인다. 서술 기능대행은 비실체성 명사에 「하다」가 용언으로서의 형식을 주는 기능을 가리킨다.

② 「서술 기능완결」은 「슬프다〉슬퍼하다. 예쁘다〉예뻐하다, 밉다〉미워하다」 등과 같은 형용사의 타동사화를 가리키고 「하다」는 통어구조에 변화를 일으키고 있는 경우이다. 서술 기능완결은 비실체성 선행 요소와 결합한 경우로서 이러한 경우 「하다」는 일차적으로는 서술적 기능을 수행하며 이차적으로는 선행 요소가 지닌 의미를 그대로 복사 투영하여 서술적 기능을 완결하는 경우이다.

③ 「특정상황의 동사의 대행기능」은 「그 아이가 (예쁘기는 예쁘다/예쁘기는 하다)」의 예에서 보는 것처럼 실체성 명사와 결합한 「하다」는 특정의 문맥에 사용되는 용언을 임의로 대행하

---

7) 「서술 형식의 대행 기능」은 서정수(1975)의 「형식동사」에 해당한다.

는 문맥에서 예상되는 다른 동사를 대행하는 것을 의미한다.

김영희(1984)는 서정수가 주장한 「하다」 대동사설은 대용어의 주요한 특징인 대치기능만을 중시한 불완전한 학설이라고 비판하고 있다. 즉, 「하다」는 대동사가 아니라 실질 동사로서 내포하고 있는 의미가 있어서 구체적 의미 자질이 매우 넓은 어휘의 이론적 계층구조상 상위어인 포괄동사로 봄이 타당하다고 하였다.

홍재성(1993)은 「하다」를 서술명사와 결합하는 기능 동사의 하나로서 받아들이고 있다. 즉, 「하다」를 기능 동사로 간주, 어휘적 의미가 없는 것으로 「표준기능 동사」로 부르고 있다.

정원수(1994)는 「하다」는 동사의 특성을 가지고 있으나 이 동사로서의 특성이 의미의 포괄성으로 인해 그 기능이 점점 다양해지면서 파생접미사로의 기능도 점차 나타나게 된 것으로 보고, 「하다」는 동사와 접미사로서의 두 특성을 모두 가지고 있으며 이 두 특성 사이에는 중간 범주를 인정할 수 있다고 하고 있다.

정원수(1989)는 「하다」는 동사로서의 기능과 접사로서의 기능을 지닌 것으로 「X+하다」 유형의 어형성에 광범위하게 관여하고 있고 「X+하다」 유형의 복합동사는 통상 문장구조에서 구와 단어의 중간 구조를 거쳐 단어 구조의 단계에 어휘화되었다고 서술하고 있다.

이상으로 한국어의 「하다」의 선행 연구를 고찰해 보면, 서정수(1975)의 의미론적 기능의 기술에 중점을 두고, 형식동사와 대동사라는 점에 주목하고 있고 어형성론적 입장에서는 동사의 형성에 중점을 두고 있음을 알 수 있다.

제2절「する」에 관한 연구

일본어의「する」에 대한 기존 연구는「する」의 문법적 성격이나「する」가 가지는 다양한 의미·용법 중의 어느 일부분에 초점을 맞춘 연구가 대부분으로 의미·용법에 대한 전체적이고 포괄적인 연구는 미흡한 편이다.

森田(1977)는「する」에 대해 일본어의 동사 중에서 가장 기본적인 단어의 하나로서 개념범위가 대단히 넓고 애매하며 추상적으로 문형에 따라 여러 가지의 개별적인 의미를 나타내게 되며「する」의 의미용법을 타동사로서의 기능하는 경우와 자동사로서의 기능하는 경우의 문형별로 분석하고「する動詞」형성의 기능에 대해서도 언급하고 있다.

森田(1982)는「する」는 주체가 있는 행위를 한다고 하는 단순한 행위가 아니고 무의식적인 행위나 의지적인 현상은 물론, 비의지적인 현상과 자연 현상의 발생까지 특별한 상태를 나타내는 폭넓은 사항, 사태, 상황을 나타내는 것이라고 하고 있다. 즉,「する」는 단순하게 외국어로 번역이 가능한 것이 아닌 것은, 동작성과 상태성의 양면의 구체적인 행위의 성립까지 폭넓은 의미·용법을 가지고 있기 때문이라고 지적하여「する」의 의미 기능의 넓이의 복잡한 양상을 지적하였다.

森田(1988)는 형식동사 「する」에는 다양한 동사로 대신하는 일종의 형식동사의 기능이 있지만, 「する」와 결합이 가능한 어휘의 기준으로 동작성은 절대적인 것이 되지 못하며 「する」와 결합해 쓰일 수 있는 어휘의 범위는 상당히 애매하며 불안정한 부분이 있다고 논하고, 동작성을 포함하는가 안 하는가는 반드시 절대적인 사용방법의 기준은 아니라고도 지적하고 있다. 그리고 「する動詞」의 「ヲ格」에 의한 분리가능성의 변별법으로 선행 요소가 「ナニヲ」의 대상이 될 수 있는 경우는 분리가 가능하고 상태의 설명인 경우는 분리가 불가능하다고 하였다.

岩崎(1974), 村木(1991) 등의 연구는 기능 동사를 「직접적인 의미를 명사에 의지해서 그 자신은 오로지 문법적 기능을 부여한 동사」라고 정의하고, 이러한 기능 동사는 실질적 의미가 없고 문법적 기능만을 부가한다고 하는 의미에는 종래의 형식동사 보조동사 등의 개념과 비슷하다.[8]

즉, 기능 동사는 명사와 결합하는 경우에 한정되고, 명사적 표현을 지탱하는 중요한 역할을 나타낸다고 하는 입장을 취하고 있다.

岩崎(1974)는 독일어의 기능 동사가 오로지 행위명사와 결합하는 데에 대하여 일본어의 「する」는 행위명사라고는 보지 않는 선행 요소와 결합하는 경우가 있기 때문에 보다 넓은 범위의 체언과 결합하는 용법이 있다고 지적하고 있다. 그러나 어떤 경우에도 의

---

8) 기능 동사에는 접속조사 「て」를 동반한 「ている,てやる, てもらう」 등은 포함하지 않아 취급 범위에는 차이가 있다.

미의 실체는 체언에 집중되고 있다고 논하고 있다. 한편 기능 동사
「する」가 명사와 결합할 때 격조사 「を」의 유무에 관해서는 「を」
유무에 관계없이 어느 경우에도 「する」가 기능 동사의 역할을 담
당하고 있다고 하는 사실에는 변함이 없다고 지적하고 있다.

村木(1991)[9]는 기능 동사를 「する」뿐만 아니라 다른 동사까지
폭넓게 인정하고 있다. 기능 동사 결합의 형태도 각 형식에 의해 다
양하고, 기능 동사이든 실질 동사이든 그 용법에 의해 결합이 되는
것이고 동사 고유의 성질은 아니라고 설명하였다.

기능 동사와 결합하는 「格」의 조사로는 「が,を,に,と」가 있으나
전형적인 기능 동사인 「する」는 어느 조사와도 결합하고, 특히 「形
容詞/副詞+する」의 문형은 기능 동사의 결합에 가까운 경우이
다.[10] 「する」는 실질적 의미를 가진 본래의 용법보다 문법적 작용
을 가진 동사로서 전형적인 기능 동사라고 부르고 있다.

즉, 村木(1991)는 전형적인 기능 동사인 「する」는 명사의 어느
쪽이든 각 형식과 연결되는 예를 다음과 같은 형식을 들고 있다.

(1) 주격(が)명사+한다. する
(2) 대격(を)명사+한다. する

---

9) 村木新次郎(1991)에서는 「する」는 실질적인 의미가 희박한 전형적인 기능
동사이고 기능 동사는「実質的な意味を名詞にあずけて、みずからはもっぱ
ら文法的な機能をはたす動詞」라고 정의하였다.
10) 동사의 의미내용이 副助詞나 保助詞에 의해 강조되거나 제한되는 경우는 형
식동사의 일종이기는 하나 기능 동사의 범주에는 들어가지 않는다고 보고 있
다.

(3) 여격(に)명사+하다. する

(4) 여격 · 공동격(に · と) 명사+ する

(5) 명사(각의 접사를 가지지 않은 명사)+ する

그러나 村木(1991)는 「する」의 「대동사적 용법」에 관해서는 전혀 언급하고 있지 않다. 결국 村大는 기능 동사와 결합하는 명사는 전부 넓은 의미의 동작성 명사(행위, 과정, 상태, 현상)로 취급하고 있다.[11]

岩崎가 언급한 것처럼 일본어의 기능 동사 「する」는 동작성 뿐만 아니라 넓은 범위의 체언과도 연결되는 성질이 있다는 것이다.

「する」는 이렇게 다른 기능 동사와 달라서 전형적인 기능 동사로 반드시 동작성 명사만을 선행 요소로 하는 것이 아니고, 동작성이 없는 명사에도 연결되어 「する動詞」화 하는 특징을 가지고 있다. 城田(1991)는 「する」를 「동작화 동사」라고 부르고 있으나 이「동사화 동사」도 「する」 뿐만 아니라 다양한 동사가 포함되어 村木의 기능 동사에 상당한다고 할 수 있다. 즉, 「동사화 동사」를 대격 동사화 동사, 간접격 동사화 동사, 주격 동사화 동사로 분류하고 있다.

奥津(1996)는 村大의 기능 동사 결합에 상당하는 기능 동사문에

---

11) 「お茶をする」의 「お茶」가 「する」와 결합함으로 해서 「お茶を飲むこと」라고 하는 동작성을 띠고 있다고 설명하고 있다. 그러나 「する」는 다른 기능 동사와는 달리 「息子を医者にする」「指輪をする」 등과 같은 용법의 경우에 「医者, 指輪」라는 명사가 기능 동사 「する」에 의해 동작성을 가진다고는 말하기 어렵다

대해서 연체와 연용과의 수식에 따른 대응 관계의 관점에서 분석하였다.

기능 동사문에 있어서 동명사는 그 동사적인 기능에 연용 성분인 여러 종류의 각 성분과 부조사구를 취해 기능 동사와 함께 기능 동사문을 하고 있지만 동시에 동명사의 명사적 기능에 주어를 제외한 이들의 연용성분이 연체성분으로서 동명사에 관계된 동의적인문을 구성한다고 말하고 있다.

한편, 생성문법론적인 입장에서는 影山(1993), 平尾(1995) 등이 「する」와 결합하는 「명사(동명사)+をする)」와의 상관성과 명사의 문법적 성격을 규명하기 위해 「を」격의 유입을 중요한 문제로서 다루었다.

影山(1993)은 「VN+する」 구문과 「VN+を+する」에서 조사 「を」에 의한 분리 가능성은 VN 자체의 의미적 성격을 생성 문법론적인 입장에서 논하였다. 「ヲ격」 표시의 허용 여부에 대하여 구문의 통어적인 성격을 가지는 「VN+する」는 「VN+をする」 구문으로부터 통어적인 편입에 의해 파생된다고 하고 있다. [12)

---

12) 「父が(胃の)手術をした、子供が足に怪我をした」의「父、子供」는 동작주가 아닌 경험자에 해당하므로 「VNをする」의 주어를 동작주로 한정하는 것은 부적절하다고 반론하고 있다. 즉, 수술이나 상처는 주어의 의지에 따라 컨트롤이 가능하므로 주어의 의도적 의지에 의한 의도적인 행위 여부가 분리 가능성의 중요한 요인이 된다고 하였다. 또한, 역으로 주어의 자기 통제가 되지 않는 비의도적인 완성된 일에 대해서는 「VNする」의 형태가 되고 결국 「ガ」는 편입이 적용되지 않는다고 하였다.
그러나, 「胸騒ぎ(が)する,息切れ(が)する,雨ぬれ(が)する」 등의 경우 「ガ」를 빼고 「する動詞」화하는 경우도 많다.

이상, 일본어의 「する」에 관한 선행 연구를 검토해 보았다. 「す
る」는 실질적 의미가 희박한 동사로서 다른 일반적인 실질적 동사
와는 구별된 것과, 「する」의 용법 중에서는 한자어가 동사화하는
것에 주목하고 있는 것을 알 수 있다.

또, 山田(1908), 田島(1970) 등에서는 실질적 의미가 아닌 「す
る」가 다른 동사를 대신하는 것에 대한 「する」의 「代動詞적 용법」
으로서 주목하고 있지만, 「する」는 반드시 동작성 선행 요소하고
만 결합하는 것이 아니라, 보다 광범위한 의미를 가진 체언과 결합
할 수 있다. 「する」는 그 실질적 의미가 희박하기 때문에, 어떤 의
미의 선행 요소도 술어화하는 기능이 있다.

村木(1991)는 「する」를 기능 동사라 하고 「~をする」, 「~がす
る」, 「~を~に/とする」 구문을 기능 동사 결합이라고 취급하고 있
다는 점은 다른 연구와는 다르다. 「する」와 결합하는 모든 명사를
동작성 명사로서 보고, 「する」의 대동사로서의 용법이라는 것에
대해서는 문제점을 남겼다. 그러나 의미의 중점이 명사에 놓여져
「する」는 단순히 문법적 기능밖에 없다는 사실에는 동의하지만,
다른 기능 동사와는 달리 대동사로서의 용법이 동사화하는 기능을
갖고 있는 점이 일본어의 「する」의 특징이라고 규정할 수 있다.

제3절 「하다」와 「する」의 대조 연구

한 · 일 양어의 가장 기본적인 동사인 「하다」와 「する」는 각기 다

양한 용법을 가지고 있고, 서로 유사한 성질을 가지고 있어 한·일 양어의 대조 연구에 중요한 주제 중의 하나이다.

그러나 「하다」와 「する」는 각자 가지고 있는 복잡한 성격 때문에 대조 연구는 간단한 일이 아니다. 「하다」와 「する」에 관계되는 단순한 대조 연구는 많이 이루어졌지만 종합적으로 대조된 연구는 아직 부족한 면이 많다고 보여진다. 대조 연구는 먼저 동사 「하다」와 「する」의 대조 연구가 있고, 다음으로 「하다 동사」와 「する動詞」의 대응 관계에 관한 대조 연구가 있으며, 다음으로 문형의 관점에서 「하다 동사」와 「する動詞」와의 대응 관계 등이 연구되었다.

이들은 주로 한국어의 「하다」에 관한 대표적인 선행 연구인 서정수(1975)의 「형식동사」와 「대동사」라는 방식을 참고하고 있다고 할 수 있다.

결국 「하다」와 「する」의 선행명사의 의미적 성질에 의해 「하다」와 「する」의 기능을 「형식동사」와 「대동사」로 대별하고 있다.

태의 연구로서는 生越(1982), 紫(1986), 한유석(1990) 등이 있다. 이들은 「하다」와 「する」의 2자 한자어인 선행 요소를 대상으로 일본어의 「-する」의 형태에 한국어는 「-하다」 외에 「-되다」의 형태에 대응하는 것에 대해 주목한 연구이다.

生越(1982)는 「する動詞」의 능동형과 수동형의 의미적 연관성 및 상이점을 「하다」 동사와의 대조를 통하여 고찰하고 「한자어動詞」에 능동태, 수동태 이외에 중상태[13]를 인정하였다. 生越의 고찰

---

13) 「되다」와 대응이 성립하는 「する」의 경우가 이에 해당한다.

결과를 정리하면 다음과 같다.

　① 「する」문형에는 주어가 동작주인 경우(능동)와, 주어가 동작
　　주가 아니며 주어에 대한 적극적인 작용도 나타나지 않는 경
　　우(중상)가 있다.
　② 「する」와 「される」문형의 구별은 주어에 대한 적극적인 작용
　　의 유무에 의한다. 주어에 대한 작용이 있고 동작주와 대상의
　　관계가 성립하는 경우는 「される」형이 쓰이고 주어에 대한
　　작용이 없고 동작주와 대상의 관계가 성립하지 않는 경우는
　　「する」형이 쓰인다.
　③ 「하다.되다」문형의 구별은 기본적으로는 주어가 동작주일 때
　　는 「하다」형, 동작주가 아닐 때는 「되다」형이 쓰인다. 단자동
　　사에서는 동작, 상태변화의 실현에 있어 가장 강하게 작용한
　　힘이 주어가 가지는 힘일 때는 「하다」형, 주어 이외의 힘일 때
　　는 「되다」형이 쓰인다.

　위 ②의 「する」형, 「される」형의 구별 기준은 전형적인 경우에
대한 설명으로서 「する」와 「される」의 치환이 가능한 경우[14]와 ③
의 구별 기준[15]도 주어가 가지는 힘을 인정하기도 곤란한 경우에
대해서는 설명이 곤란하다.

---

14) 「強大国によって両国間の平和が実現された(実現した)」같은 예문을 들고
　　있다
15) 「하다」와 「되다」의 치환이 가능하다

紫(1986)는 양어의 한자어 동사를 대상으로 하여 「하다」형, 「되다」형과 「する」형, 「される」형 등의 대응 양상이 동사의 문법적 성격(자동사, 타동사, 양용동사) 등에 의해 어떻게 나타나고 있는가에 대해 검토하고 일본어 동사의 문법적 성격을 기준으로 하여 대응양상을 정리하였다.

④ 양어의 한자어 동사가 자동사로만 쓰이는 경우는 한국어에서는 「하다」형, 「되다」형 모두 「する」형으로 나타난다.
⑤ 양어의 한자어 동사가 타동사로만 쓰이는 경우는 「하다」형은 「죄」형으로, 「되다」형은 「される」형으로 나타난다.
⑥ 양용 동사인 경우는 통상 「하다」형, 「되다」형 모두 「する」형으로 나타나지만 외부로부터의 힘을 강조하는 경우에는 「される」형으로 나타난다.

紫(1986)의 논리는 「되다」를 기계적으로 「される」로 옮기는 오류를 방지하는 데 상당히 도움이 된다고 본다. 그러나 일본어 동사의 문법적 성격의 구별이 어려워 한국어를 모어로 하는 일본어 학습자에게 있어서 쉽게 적응할 수 있을 지는 의문이다.

韓有錫(1990)은 한·일 양어의 한자어 동사를 대상으로 하여 「する」와 「하다」 「되다」 「하다/되다」의 대응양상이 동사의 문법적 성격 등에 따라 어떻게 나타나고 있는가를 문형별로서 분화하였다. 한·일 양어의 동사를 행위동사, 운동동사, 변화동사, 상호동사로 구분하여 선행 요소와 「하다」, 「되다」의 결합 가능성 및 자동사,

타동사, 양용 동사와의 관련성 등에 대하서도 고찰하였다.

상기의 「する」와 「되다」의 대응이 성립하는 동사의 문법적 성격이 (1) 자동사의 경우와 (3)양용동사의 경우는 紫(1986)와 같은 고찰 결과를 제시하고 있다.

韓有錫(1992)은 한·일 양어의 한자어 동사를 동사의 문법적 성격에 따른 「する」형과 「시키다」형, 「される」형과 「시키다」형의 대응에 대하여 고찰하였다.

위의 고찰 결과를 보면 「する」와 「시키다」의 대응이 성립하는 것은 「する」 형과 「시키다」형이 서로 타동사로서 기능하는 경우로 대별하고 있다. 「する」와 「시키다」의 대응에 있어서는 「시키다」 형의 타동성과 사역성의 구분에 대한 파악만으로도 한국어를 모어로 하는 일본어 학습자들의 일본어 습득에 큰 도움이 될 것으로 생각된다.

劉恩聖(2000)은 「する」와 「하다」의 유사점과 상이점에 대하여 어형성과 통어적인 측면을 고찰하였다.

「する/하다」가 어형성에 있어서 선행 요소가 한자어인 경우 동사를 만든다는 기능이 양어에서 공히 생산적이고, 통어적인 면에 있어서는 한국어의 「(~을)~로 하다」 구문에 비해 「(~を)~に/と する」 구문이 보다 많이 사용된다는 면에서 「する」가 「하다」 보다 의미 기능이 넓다고 하고 있다.

또, 일본어에서는 「連用形名詞+(助詞)+する」 형식이 생산적인데 비해 한국어에서는 「명사화어+(조사)+하다」 형식이 일본어에 비해 생산적이지 않는 점에 대해 고찰하였다.

즉「する」가「하다」보다 전체적으로 보아 의미 기능이 넓으며 어형성에 있어서도 조어력이 높다고 하였다. 그러나「하다」와「する」를 유형별로 세분하여 대응시켜 검토해 보면 어형성에 있어「する」보다「하다」가 생산성이 높거나 어결합에 있어서도「する」보다「하다」의 허용 범위가 넓은 경우도 있다.

남영복(2003)은「하다」와「する」의 선행 요소를 동작성 선행 요소와 상태성 선행 요소 등으로 나누어 선행 요소에 대한 연구를 진행하였다.

제3장

「하다/する動詞」 어형성의 대조

제1절 선행 요소의 어종에 의한 분류

1. 「하다」의 의미와 어종에 의한 분류

1-1. 한국어 「하다」의 의미

한국어 「하다」의 용법은 우선 자동사로서는 구분되어 있지 않는 것이 「する」와 다른 큰 특징이다.

「하다」도 자동사적인 요소를 갖고 있지만 한·일 양어는 문법 적인 규정의 차이가 있기 때문에 자·타동사에 관한 고찰은 과제 로 남기기로 하고 사전적인 용법으로서 타동사로서의 「하다」와 명 사와 그 외의 품사와 결합하고, 그것들을 용언화하는 역할을 하는

「하다」를 중심으로 「하다」에 관한 의미를 정리하여 본다.

1) 타동사

(1) 육체적, 정신적인 활동을 행하다.
   ① 공부를 하다. (勉強をする)
   ② 일을 하다. (仕事をする。)

(2) (어느 명사와 함께 사용되고) 다른 동사의 의미로서 사용된다.
   ① 술을 하다. (酒を飲む)
   ② 노래를 하다. (歌を歌う)

(3) 어느 분야와 직업에 종사하다.
   ① 선생을 하다. (先生をする)
   ② 밥을 하다(ごはんをつくる)

(4) (표정, 태도 등을) 취하다.
   ① 슬픈 얼굴을 하다(悲しそうな顔をする。)
   ② 불손한 태도를 하다. (不遜な態度をとる。)

(5) 가치표시.
   ① 사과 한 개에 50원 하다. (りんご一個50ウォンする。)

② 쌀 한 가마에 얼마나 합니까? (米一俵にいくらくらいし
ますか)

(6) 「해서, 하여의 형태로 사용되고」 어느 시기, 시간에 되다.
① 그는 밤 12시쯤 해서 집에 돌아왔다. (彼は夜12時ごろに
なって家にきた)
② 점심때쯤 해서 와 보렴(晝飯時に(なったら)来てごら
ん。)

(7) 「주로 조사 '고' 또는 인용하는 어에 대해서」 이야기하다.
① 지금 자네 무어라 했나? (君, 今何と言った。)
② 온다고 하고서 왜 안 왔나?(来ると言っておいてどうし
て来なかった。)

(8) 「열거된 명사와 대명사와 함께 사용되고」 뽑다.
① 그나 너나 할 것 없이 모두 나쁘다. (彼も君も どちらもわ
るい。)

(9) 생각하다(思う、考える)
① 네가 떠났는가 하여 가 보았지(君が發ったかなと思って
行ってみた。)

(10) 앞의 문과 다음 문과 결합하는 어.

① "좋아"하고 말했다. ("いい"と言った。)

2) 명사 등 다른 어에 붙어서 용언화하는 (접미어로서의) 용법

(1) 「형용사의 어간에 대해서」 사용되는 어
　　① 사랑하다. (愛する)
　　② 질투하다. (嫉妬する。)

(2) 「부사에 대해서」 동사와 형용사를 만드는 어
　　① 반짝반짝하다. (ぴかぴか光る。)
　　② 울퉁불퉁하다. (でこぼこだ)

(3) 감정적 상태를 나타내는 형용사의 뒤에 사용되는 동사를 만드는 어
　　① 싫어하다(いやがる。)
　　② 슬퍼하다(悲しがる。)

「하다」는 「する」와 같이 의미의 항목수가 많고 추상적이고 애매한 의미를 갖고 있어 같은 역할을 나타낸다고 할 수 있다.

3) 「하다」의 자동사적인 용법

「수량 · 시간+하다」에 대해서는 한국어에서는 자동사로서 분류

되지 않지만, 의미적인 용법으로는 자동사로 인정할 수 있다. 이러
한 표현은 한·일 양어에 있어서 같이 나타난다.

「하다」와 「する」의 선행명사가 수량을 나타내는 경우에는 일본
어는 「창」의 삽입이 불가능하나 한국어는 「을/를」의 삽입이 가능
한 차이점이 있다.

(1) 「(수량)+하다」[1]

　　① 한 개 千円하는万年笔.

　　　一個千円する万年筆。

　　② 보통의 三培한다.

　　　普段の三倍する。

　　③ 꽤 하겠지요.

　　　ずいぶんするでしょうね。

　　④ a. この車はいくらしますか。

　　　a'. *この車はいくらをしますか。

　　　b. 이 차는 얼마 합니까?

　　　b'. 이 차는 얼마를 합니까?

　　⑤ a. この車が5000000円する。

　　　a'. この車が5000000円もする。

　　　b 이 차가 5000000円 한다.

　　　b'.이 차가 5000000円이나 한다.

---

1) 여기에서의 수량은 구체적으로 금액 또는 가치를 표시한다.

또, 예문③과 같이 수량에 대신하여 부사가 선행 요소로 오는 경우도 있다.

그러나, 한국어의 「을/를의 삽입은 「하다」가 갖는 타동사로써의 성격과 「を」가 가지고 있 는강조의 의미 기능에 따른 것이라고 생각할 수 있다.

일본어에도 통상 수량을 나타내는 선행 요소는 「を」가 삽입되지 않지만 강조의 의미로써 「も」를 삽입하여 표현한다.

일본어에서 이러한 수량명사 외에 「2人して... 23日すれば...數年して...」와 같이 사람이나 시간을 나타내는 수량명사와 결합하는 표현이 있으나 「する」의 용법에는 제약이 있다. 그 외에 「すこししたら, しばらくしたら」 등 조건표현의 부사와 결합하는 경우도 있다. 이 같은 표현은 한국어의 「하다」에는 대응하지 않는다. 한국어에서는 「2人して」의 「して」는 조사 「서」에 대응하지만 그 외의 시간을 나타내는 경우에는 「지나다」라는 동사를 사용하든지 「있다」라는 동사가 사용된다.

4) 「시간+하다」

시간의 경과를 표현하는 용법으로 「20분하다」의 형태는 취하지 않고, 「~지나면(~すれば, ~したら)」 등의 조건구의 형태로 표현한다.

① あと二年したら東京に行く。

앞으로 二年 지나면 동경에 간다.

② もう一週間すれば…

　앞으로 일주일 지나면……

③ a. それから、しばらくして―それが、どれくらいの時間で
　　あったかわからないが―(トム・ソーヤーの冒険)
　　b. 그리고 조금 있다가/지나서……

④ 점심시간쯤 해서 오십시오.
　昼頃になってからきてください。

　일본어의 조건구의 대표적인 「ば, たら, と」의 대응은 한국어에
서는 「2년 지나면, 일주일 지나면」처럼 「する」에 대응하는 「하다」
를 사용하지 않고 「지나다(すぎる)」라는 동사로 표현된다. 이와 반
대로 한국어에서 시간경과를 표시하는 용법은 ④의 예문과 같이
일본어는 「なる」로 대응되어 표현되기도 한다

1-2. 「하다」의 선행 요소의 어종 및 어구조에 의한 분류

　한국어의 선행 요소를 고유어, 한자어, 외래어와 혼종어의 어종
별[2]로 나누어 하위 분류하기로 한다.

---

2) 한국어의 어종은 「고유어, 한자어, 외래어와 혼종어」로 나누는 것이 일반적이
고 「하다」의 선행 요소의 어종은 모두 이 어종이 포함되어 있다.

1-2-1. 고유어

(1) 「일반명사+하다」

절하다, 굿하다, 일하다, 말하다, 사랑하다, 싸움하다, 격정하
다, 차지하다

(2) 「명사화어+하다」

a. 달리기하다, 사재기하다, 띄어쓰기하다, 더하기하다, 높
이뛰기하다 등

b. 싸움하다, 액댐하다, 밤샘하다, 낯가림하다, 입막음하다
등

c. 나들이하다, 달맞이하다, 타향살이하다, 더부살이하다 등

(3) 「(명사+접사)+하다」

가위질하다, 젓가락질하다, 칼질하다, 못질하다, 대패질하
다, 서방질하다 등

(4) 「(부사성요소)+하다」

a. 거듭하다, 다하다, 잘하다, 아니하다 등

b. 울퉁불퉁하다, 미끌미끌하다, 흔들흔들하다, 중얼중얼하
다, 번쩍번쩍하다

(5) 「어근+하다」

꾀하다, 비롯하다, 이룩하다 등

(6) 「(형용사성어근)+하다」

착하다, 쓸쓸하다, 기뻐하다, 슬퍼하다, 귀여워하다, 아까워
하다 등

(7) 기타[3]

　　쉬하다, 응가하다, 쥐암쥐암하다 등

　한국어 「하다」의 선행 요소 명사가 동사로 바뀌는 경우, 동사의
어간에 「기, 음, 이」 등의 접미사를 붙이는 접사파생법으로 볼 수
있다.[4]

　상기의 (2-c)의 예문의 접사 「이」가 붙는 「나들이하다」의 「나들
이」는 동작성의 의미를 가지고 있는 선행 요소이다.

　또한, 「가위질하다, 칼질하다」와 같은 접사 「질」이 접속하여 동
작성의 명사로 전환하는 경우는 일본어와는 다른 조어법으로서 특
이한 상이점이라고 할 수 있다. 「질」은 명사에 붙어서 그 명사와
관련하는 동작과 역할을 나타내는 말이다. 단독으로는 「하다」와
의 결합이 불가능한 「가위, 칼, 망치, 젓가락, 저울」 등 도구명사를
선행 요소 「하다」와 결합을 가능하게 하고 그 도구명사와 관련하
는 동작을 표현한다. 또, 단독으로는 동작성의 의미를 가지지 않는
「도둑, 선생, 서방」 등의 사람을 나타내는 명사에도 붙어 「도둑질
하다, 선생질하다, 서방질하다」 등처럼 「하다」와의 결합을 가능하
게 한다.

　한편, 「손질하다, 손가락질하다」 등과 같이 신체명사와 결합해

---

3) 유아어 등이 이에 포함된다.
4) 접사파생법은 일본어의 접미사 「さ, み」 등을 붙이는 형용사의 명사화와 닮아
　있다.
　또한 일본어의 동사연용형의 명사화에 비교하면, 한국어의 접사는 다양하고
　형태적으로도 복잡한 양상을 띠고 있다.

동작성의 명사로 전환하여 「하다」와 결합하기도 한다.

「하다」의 선행 요소가 의성어 의태어인 경우는 일본어와 마찬가지로 매우 생산적이라 할 수 있다.

또, 한국어에는 일본어의 「する動詞」에는 볼 수 없는 「기뻐하다, 슬퍼하다, 귀여워하다」 등처럼 형용사의 부사형을 선행 요소로 하는 경우도 있다.[5]

다음은 「하다」의 선행 요소의 어종이 한자어인 경우이다.

1-2-2. 한자어

(1) 「1자 한자어-하다」

　　当하다, 変하다, 伝하다, 向하다, 順하다, 亡하다, 求하다, 害하다, 定하다

(2) 「2자 한자어+하다」

　　工夫하다, 人事하다, 努力하다, 操心하다, 信号하다, 義論하다 등

(3) 「(한자명사+접사)+하다」

　　a. 「(~질)+하다」

　　　이간질하다, 노략질하다, 고자질하다 등

---

5) 형용사를 타동사화하는 것으로서 「하다」가 일본어의 「嬉しい〉嬉しがる,悲しい〉悲しがる, かわいい〉かわいがる....」의 접미사 「がる」와 같은 기능을 가진 것으로 볼 수 있다.

b. 「(~化)+하다」

現代化하다, 国際化하다, 民主化하다, 專門化하다, 民營化하다, 機械化하다

c. 「(~視)+하다」

問題視하다, 疑問視하다, 敵對視하다 등

한국어의 2자 한자어는 동사화되는 등의 매우 생산적인 특징을 갖고 있다.[6] 또, 선행 요소 중 1자 한자어는 대부분 비자립적이고 「하다」와 함께 한 묶음 형식의 동사와 같은 것으로서 취급된다.[7] 1자 한자어는 한국어를 모어로 하는 학습자에게 한자어로 의식되지 않고 고유어로 의식되는 경우가 많다.

동작성의 의미를 가지지 않고 단독으로는 「하다」와 결합할 수 없는 한자어에 「~화, ~시」의 접미사가 뒤에 붙어 「하다」와 결합한다. 또, 「질」이라는 고유어의 접미사는 고유어를 선행 요소로 하듯이 한자어에서도 가능하다.

---

6) 「工夫하다/勉強する、人事하다/挨拶する、苦生하다/苦労する、議論하다/相談する、放心하다/油断する、操心하다/用心する」 등과 같이 선행 요소가 한자어의 경우는 한·일 양어가 서로에 대응하는 경우도 많지만, 대응하는 한자어가 일본어와 다른 경우도 있다.

7) 「対하다/対하다,属하다/属する,接하다/接する」 등은 한일 양어로 같은 한자에 대응하지만 예를 들면 「亡하다/滅びる、求하다/求める、勧하다/勧める、変하다/変る、   定하다/決める·定める、興하다/盛る·盛んだ、伝하다/伝える」 등과 같이 和語 동사에 대응되는 경우도 많다.

1-2-3. 외래어

드라이브하다, 아르바이트하다, 데이트하다, 메모하다, 체크하다, 덩크슛하다, 히트하다, 클릭하다, 테스트하다, 스케치하다 등, 한자어나 외래어를 용언으로 전환하기 위하여 한국어는「하다」를 동반하고 있다.

제3절에서 외래어에 대해서 자세히 살펴보기로 한다.

1-2-4. 혼종어

(1)「고유어+한자어」+하다

말조심하다, 말참견하다, 헛고생하다, 돈세탁하다

(2)「한자어+고유어」+하다

액땜하다, 원반던지기하다, 타향살이하다, 독차지하다, 이간질하다, 강도질하다

(3)「외래어+한자어」+하다

가스점검하다, 체인화하다, 이벤트화하다

(4)「외래어+고유어」+하다

스파이질하다

(5)「한자어+외래어」+하다.

개인 레슨하다

(6)「고유어+외래어」+하다

헛스윙하다

「하다」의 선행 요소가 혼종어인 경우「고유어+한자」+하다형과 「한자어+고유어」+하다형이 많다. 그 외의 경우 고유어는 접두사나 접미어를 동반하는 경우가 많다.

2.「する」의 의미와 어종에 의한 분류

2-1.「する」의 의미

「する」에는 자동사와 타동사의 용법이 있고, 자동사의 용법으로 서는「동작과 작용, 시간의 경과, 금액, 가치」를 의미하고 타동사 용법으로서는「동작과 행위, 상태」를 의미한다.

1) 자동사

(1)「(어느 상태가)일어나다」라는 동작과 작용을 표시한다.
　① 夕立が降った日の暮れ方に…
　　소나기가 내렸던 날의 저녁때에…

(2)「~ようとする」라는 상태를 표시한다.
　① 丑松は一緒に来た同僚を薦めるようにした。
　　丑松은 함께 왔던 동료를 추천하려고 했다.
　② そこで夫の留守の内だけ、一二時間ずつ机に向かう事

にした。

그 곳에 남편이 비운 사이만 한두 시간씩 책상에 앉아 공
부를 했다.

(3) 「시간의 경과」를 표시한다.

① あと、二十分ぐらいしてから、お出かけになって、十
分間に合います。

앞으로 20분 정도하고 나서, 나가더라도 충분히 맞습니
다.

(4) 「금액, 가치」를 표시한다.

① 一千万円もするダイヤ。

천만 엔이나 하는 다이아몬드

2)타동사

(1) (목적어를 가르키다)동작을 행하다

① 母は悲しそうな顔をした。

어머니는 슬픈 표정을 하고 있다.

(2) 어떤 것을 무엇으로 교환하다.

① あれを優しく女らしくしようとしていた。

저것을 상냥하고 여자답게 하려고 하고 있다.

② 蕎麦は冷えるというからうどんにしたらどうかという。

소바는 차가우니까 우동으로 하면 어떨까 하고 말한다.

(3) 어느 상태라고 보다.

① 人を馬鹿にしたような笑いようをして、

사람을 바보로 보는 듯한 미소를 하고

② こんな意気地なしは相手にしてくれないのみか、

이런 고집 없이는 상대해 주지 않을 뿐

(4) 어느 상태가 되게 하다.

① 子供を音楽家にする。

아이를 음악가가 되게 했다.

② 謙作をそれ程不愉快にした坂口小説と云うのは...

겸작을 그 정도 불쾌한 坂口 소설을 언급하는 것은...

(5) 역할을 맡다.

① いよいよ父の前へ出て妻の役目をしなければならない。

드디어 아버지의 앞에 나서서 부인의 역할을 하지 않으면 안 된다.

② 父は曾祀の役員をしている。

아버지는 회사의 임원을 하고 있다.

2-2. 「する」의 선행 요소의 어종 및 어구조에 의한 분류

일본어의 어종도 「和語, 한자어, 외래어와 혼종어」로 나누는 것이 일반적으로 「する」의 선행 요소의 어종은 모두 이 어종에 포함되어 있다.

2-2-1. 和語

1) 「명사+する」

(1) 「일반명사+する」

汗する、値する、噂する、懲する、枕する、涙する、心する、幸いする、災いする…

(2) 「연용형 명사+する」
   a. 引っ越しする、立ち讃みする、出入りする、値上がりする、長持ちする、大騒ぎする 等
   b. お招きする、お呼びする、お持ちする、お讃みする、お書きする、おしゃべりする 等

2) 「부사성 요소+する」

いらいらする、わくわくする、はっきりする、びっくりする、がっかりする、しっかりする。(전자렌지로)チンする 等

3) 기타

ないないする、きれいきれいする、混ぜ混ぜする 등

「する」와 결합하여 동사화하는 선행 요소는 명사 및 부사성 요소가 많다는 것을 알 수 있다. 선행 요소가 명사인 경우에는 원래부터 명사인 경우와 동사의 명사화에 의한 연용형 명사의 경우와 구별된다. 연용형 명사는 연용형에 의한 단독형과, 복합동사의 연용형, 연용형 요소끼리의 것, 연용형 요소에 형용사의 어간과 부사 또는 접사가 결합해 있는 것 등이 있고 접두사「お」가 붙는 연용형 명사로 대별된다.

선행 요소가 의태어 · 의성어의 경우도 한국어의「하다」와 같이 꽤 생산적이라고 할 수 있다.「する」의 선행 요소의 어종이 한자어인 경우, 품사는 주로 명사이다.

2-2-2. 한자어

1)「명사+する」

(1)「1자 한자어+する」
   a. 愛する、楽する、損する、得する、害する 등
   b. 闘する、接する、属する、解する、有する、脱する、
      達する、對する 등

(2)「2자 한자어+する」

研究する、学習する、勉強する、散歩する、意味する、哲学する、影響する 등

2)「(명사+접사)+する」

a. 近代化する、国際化する、民主化する、軍純化する、簡易化する 등

b. 問題週する、重要温する、有望載する、異端醒する、過大祀する 등

3)「부사성 요소」+「する」

歴然とする、漢然とする。卒然とする、堂々とする 등

동작성의 의미를 가진 2자 한자어는 대단히 생산적이라고 말할 수 있다. 1자 한자어의 경우, a는 한자 1자로 명사로서 사용할 수 있고 자립적이지만, b는 3)의「歴然とする 漢然とする」등과 같이 선행 요소와「する」를 분리할 수 없다.

접미사「化、視」등은「*国際化する、*民主化する、*重要視する、*有望視する」와 같이 동작성의 의미를 가지고 있지 않기 때문에 단독으로는「する」와의 결합을 가능하게 하는 기능이 있다. 이 경우를 보면「する」의 결합이 가능한 한자어 명사는 동작성의 의미를 가지고 있는 것이 일반적이라고 지적할 수 있다.

이상과 같이, 같은 한자라고 해도 한국어와 일본어에서 항상 용

법이 같지는 않다. 그렇기 때문에 한자어에 대한 적절한 지도가 행해지지 않으면 한국어를 모어로 하는 일본어 학습자에게, 일본어에서는 사용되고 있지 않는 한국의 한자어가 그대로 적용되어 오용을 일으키는 원인이 되기도 한다.

2-2-3. 외래어

アルバイトする、ヒットする、パスする、コピーする、サービスする、メモする、インプットする、チェックする、ドライブする、スカウトする、パンクする、フィットする 등

그 밖에 和語, 한자어, 외래어의 어종이 혼합하고 있는 혼종어가 있는데 주로 복합어로 나타난다.

2-2-4. 혼종어

(1)「한자어+和語」+する
    衝動買いする、逆戻りする、日本人離れする 등
(2)「和語+한자어」する
    お電話する、ご連絡する、早食い競争する、ごみ収集する 등
(3)「외래어+和語」+する
    ガス漏れする、パン作りする、ラッパ鉄みする 등

(4) 「외래어+한자어」+する
カラー印刷する 등
(5) 「한자어+외래어」+する
資金カンパする、脱サラする 등

선행 요소가 혼종어인 경우, 「한자어+和語」의 형이 제일 많고 그 밖의 혼종어는 그다지 보이지 않는다. 「和語+외래어」의 형은 예를 찾을 수 없었다. 「외래어와 한자어」, 「외래어와 和語」에 관해서는 3절에서 다시 살펴보기로 한다.

이상, 「する」를 어종과 어구조의 면으로 분류해 보았다. 「する」의 선행 요소는 주로 명사인 것을 알 수 있고 「する」가 생산성이 있다고 하는 것은 선행 요소의 생산성[8]과 함께 이루어진다는 것을 알 수 있다.

또한 한국어의 「하다 동사」와 일본어의 「する動詞」를 「하다」와 「する」와의 선행 요소의 어종과 어구조의 면에서 살펴보았다.

「하다」와 「する」는 주로 명사와 의성어·의태어 등을 포함한 부사성 요소를 중심으로 한 여러 가지 어와 어근을 선행 요소로 해서 동사를 형성하고 있다. 특히, 2자 한자어를 선행 요소로 하여 한·일 양어 모두 동사화하는 생산적인 기능을 갖고 있음을 알 수 있다. 또, 선행 요소가 외래어의 경우에도 「하다」와 「する」의 조어력은 발휘된다. 한국어의 경우 일본어의 「ナ形容詞」의 활용어미 「~

---

8) 명사의 생산성을 나타낸다.

だ」에「하다」가 대응하여 활용한다.

한국어의 명사화는 동사의 어간에 접사를 붙여 접사 파생법이 행해져 접사보다「기」명사화어,「음」명사화어,「이」명사화어로 나누어진다. 일본어 동사의 명사화에 비교하면 형태적으로 복잡한 양상을 나타내고 있다. 일본어는 동사의 연용형이 자유롭게 어형성의 요소가 되고 복합어도 조어력을 발휘하고 있어「する動詞」에는 이러한 연용형 명사를 선행 요소로 하는 것이 다양하게 존재해 생산성이 높다.

「하다」와「する」는 일반적으로 동작성을 가지고 있는 어를 선행 요소로 하지만 한국어의「질」이라는 접미사는 동작성 명사화하는 기능이 있고 동작성의 의미를 가지고 있지 않는 선행 요소「하다」와의 결합도 가능하게 된다.

제2절 「하다」와 「する」의 형태의 대응 관계

한국어의「하다 동사」와 일본어의「する動詞」가 서로 반드시「~하다」와「~する」로 대응되는 것은 아니다. 각각의 언어에 비분석적인 통합적 형식의 동사가 존재하기 때문에「~하다」와「~する」의 형태가 상호대응하는 외에「~하다」와「~する」가 각각 통합적 형식의 동사와 대응하는 경우도 있다.[9)]

---

9) 예를 들면「対하다 : 対する 등과 같은 것은「하다」와「する」가 선행 요소와 분

(1) 한국어의 「하다 동사」가 일본어의 일반동사에 대응하는 경우

노래하다	歌う
맞이하다	迎える
시작하다	始める
의심하다	疑う、怪しむ
배신하다	裏切る
꾸중하다	叱る
차지하다	占める
계속하다	続ける
고뇌하다	悩む
단속하다	取り締まる
생각하다	考える、思う
칭찬하다	ほめる
부탁하다	頼む
말하다	言う、話す

(2) 일본어의 한자어가 한국어와 일치하지 않는 경우

~が恐縮する
~が重宝する
~が合図する
~が油断する
~が放棄する
~が怪我する
~が一浪する
~が踊宅する
~が~を稽古する
~が~を世話する

리되지 않는 것으로서 통합적 형식의 동사이다.

～が～を見物する
～が～を承知する
～が～を返済する
～が～を芝居する
～が～を勉強する
～が～を辛抱する
～が～を都合する
～が～を賞賛する
～が～を我慢する
～が～を了解する
～が～を作成する
～が～を心配する
～が～を工夫する
～が～を清書する
～が～と文通する
～が～に正解する
～が～に返事する
～が～に迷惑する
～が～に～を遠慮する
～が～に～を催促する
～が～から/を用心する

또한, 한국어의 「한자어+하다」는 일본어의 「한자어+「する」」에 대응하지 않고 「한자어+되다」에 대응하는 것이있다. 금후의 과제로 남기기로 한다.

이와 같이, 전항 요소가 갖는 용법·의미 등의 상이점에 의해 한국어를 모어로 하는 일본어 학습자에게는 다음과 같은 오용을 볼 수 있다. 森田(1983) 의 『韓国学生의 日本語学智에 있어서의 誤

用物)』에서 인용하여 본다.

(1) 冬休み中は、勉強より遊びをする方が多かった。(→遊ぶ)
겨울방학 중에는 공부보다 놀이를 하는 사람이 많았다.

(2) 弟は運動会で一等をした。(→一等をとった)
남동생은 운동회에서 1등을 했다.

(3) 今度の修学旅行では、友達と一緒に歌をする時間がなかった。(→歌を歌う)
이번 수학여행에서는 친구와 함께 노래를 하는 시간이 없었다.

(4) 一年生の時から、日本語を選ぶしてならいました。(→選んで)
1학년 때부터 일본어를 선택하고 배웠습니다.

(5) 多くの友達と遊んだ思いをすると、懐かしいです。(→ことを思うと)
많은 친구와 놀던 생각을 하면 그립습니다.

(6) 一日中、海の中で、泳ぎをした。(→泳いだ、水泳をした)
온종일 바다 속에서 수영을 했다.

(7) 温泉でお風呂をしました。(→風呂に入りました)
　　온천에서 목욕을 했습니다.

(8) その日の午後、私は学校でテニスを打った。(→した)
　　그 날 오후 나는 학교에서 테니스를 쳤다.

(9) バスの中で昼寝を寝た。(→した)
　　버스 안에서 낮잠을 잤다.

제4장

「외래어+하다」형과 「외래어+する」형의 대응 관계

제1절 한 · 일 양어에 있어서의 외래어

한 · 일 양어는 한자어, 외래어가 공통으로 존재하고 있지만, 표현이나 내용의 미묘한 차이를 놓치기 쉽다는 결점이 있는 것 또한 부정할 수 없다는 점을 앞에서 강조하였다. 또한, 양어의 뉘앙스의 차이에서 오는 언어 인식의 차이는 외래어의 사용에도 당연히 일어난다. 똑같이 보이는 외래어에도 의미내용이나 언어의 배경이 일본어와 미묘하게 다른 경우가 상당히 많이 존재한다.

외래어 사용에 있어서 한국에서 특이한 점은 해방 후 외래어의 지위가 크게 변했다는 점이다. 외래어와 더불어 일본식 한자어까지 일제의 잔재로 민족정신을 위협하는 존재로 인식되어 한국어 또는 한국어식으로 바뀌게 되었다.

그러나 이제는 인터넷의 보편화에 따라 외래어가 증가되어 사용 빈도가 높아지지 않을 수 없게 되었다. 실제「인터넷, 홈페이지, 이메일, 사이트」등의 신종 어휘는 일상용어화 되었다. 또 그 같은 말은 특별히 한국어로 바꾸어 사용하기보다도 그대로 사용하는 편이 편리할 것이다.

그런데「사이트」라는 말은 한국에서는 모르는 사람이 없을 정도로 보급되어 있지만 최근에 출판된 어느 외래어 사전에도「홈페이지」는 실려 있어도「사이트」라는 말은 실려 있지 않다. 이 같은 점을 보면 한국의 외래어 사전에도 많은 문제점을 남겨두고 있다.

한국에서 만들어진 정보용어 외래어로써 컴맹(COM+盲) PC방(PC+屋)[1] 등이 있고 3D는 한국에서 어렵고, 더럽고, 위험(difficult, dirty, dnagerous)한 것을 나타내 일본어와는 의미가 통하지 않는다. 영어의「handy phone-handy」도 핸드폰(hand+phone)·휴대폰(携帶+phone)으로 사용되어 같은 사물이지만 한·일 양어가 서로 다른 표현을 하거나 다른 내용을 포함하고 있어 이해하기 어려운 외래어가 당연히 일어날 수 있는 일이지만 양어에 엄연히 존재한다.

한국어에는 일본어보다 외래어의 사용 빈도가 낮은 편이라고 할 수 있다.

외래어는 고유어나 한자어와 뉘앙스가 달라 표현 목적에 따라 표현의 다양화와 사물의 미세한 구별에 매우 도움이 된다고 생각

---

1)「インターネットカフェ」와 엄밀히 다르다

된다.

예를 들어 일본어에서 「베이비카」와 「유모차」는 뉘앙스의 차이가 있다. 언어는 사회의 변화와 밀접한 관계를 갖고있다. 일본에서 「유모차」라고 하는 어감은 옛날이야기나 동화에 나오는 목재나 철재를 연상하게 하고 다자인이 현대감각에 맞는 신소재로 만들어진 「베이비카」와는 미묘하게 다르다.

그러나 한국에서는 「베이비카」라는 말은 사용하지 않고 「유모차」라고 사용하고 있어 낡은 뉘앙스는 없다. 이처럼 한국어와 일본어에는 고유어와 한자어, 외래어에 대한 표현의 차이가 복잡미묘하고 서로 다르다.

일본어의 외래어 중에는 한국어에서는 구별이 되어 있지 않거나 의미 구별이 어려운 외래어도 있다. 예를 들면 「コップ(kop 蘭)/カップ(cup 英)」의 경우 「カップラーメン/컵라면」, 「50cc3カップ/50cc3컵」의 경우에는 「カップ」를 「ビールのコップ/맥주컵」의 경우에는 「コップ」를 사용하지만 한국어에서는 구별되지 않는다.

일본에서 사용하지 않는 알파벳 약어도 한국의 대학가에서 일반화되어 있는 CC(Campus Couple), MT(membership training) 등의 외래어도 존재한다.

일본의 외래어 사전은 大正(1912)시대에까지 거슬러 올라갈 수 있어 외래어 역사와 연구[2]가 깊고 동시에 다양화되어 있었다는

---

2) 일본어의 외래어에 대해 전반적으로 논하고 있는 것은, 石野(1983), 久世(1976) 등이 있다. 泉(1998), 增田(1999), 水谷(2000) 등 외래어에 대한 대조 연구도 활발하다.

것을 엿볼 수 있다. 또한 현재도 외래어 사전은 三省堂, 角川書店, 講談社, 集英社, 旺文社 등의 각 출판사에서 비즈니스맨 등 다양한 대상자를 위하여 출판이 계속 되고 있다.

한국어와 일본어는 문법적으로나 어휘의 면에서도 매우 닮아 있고 그 유사점이 오히려 한국어를 모어로 하는 일본어 학습자의 일본어 습득에 있어 위험성을 가지고 있다고 언급하였다.

외래어는 한자어나 고유어에 비해서 어휘가 지니고 있는 뉘앙스가 애매하고 불투명한 것이 많기 때문에 대부분의 한·일 또는 일·한 사전에 수록된 외래어는 표기를 바꾸어 표기했을 뿐 내용의 미묘한 표현 등에 대해서는 방치되고 있는 실정이다.

따라서 본서에서는 한·일 양어의 「하다」「する」의 대조를 위하여 외래어를 아래의 항목별로 분리하여 정리하기로 한다.

(1) 한·일 양어에 공통으로 존재하고 의미·용법이 같은 외래어
(2) 한·일 양어가 공통이지만 의미·용법이 다른 외래어
(3) 한·일 양어에 서로 다른 외래어

제2절 한·일 양어의 외래어의 어구성에 의한 대응 관계

선행 요소가 외래어인 경우 「する」와 다른 형태의 「サボる, ナウい, エレガントな」 등과 같이 외래어 선행 요소에 일본어 「동사, 형

용사, な形容詞」의 어미인「る,い, な」 등이 붙는 형태의 조어도 가능하지만 한국어에는 오로지 「~하다」의 접속에 의한다. 이 경우는 한국어의 외래어보다는 일본어의 외래어가 폭넓게 사용되고 품사가 전환되는 기능까지 있다고 할 수 있다.

(1) サボ · る【五】[俗] なまける。ずる休みする。サポはサボタージュの略。

　　a. しかし、お前ら留学生にだって学校サボル奴はサボルんだよ。

　　그렇지만, 너희들 유학생도 학교 빼 먹는 녀석은 빼 먹는다고.

　　b. あのーまあ頑張ってはいるんですけど私もたまにサボルわけですよ。

　　저기. 노력은 하고 있지만 저도 가끔은 빼 먹는걸요.

(2) ナウ · い【形】「ナウ(now)」を形容詞化した語。[俗]現代的でかっこいい。

　　a. ナウいおやじについて教えてください。

　　지금의 아저씨에 대해서 가르쳐 주십시오.

　　b. でも、今時 "ナウい" って言っている人が、果たしてナウいのかどうか…。

　　그렇지만, 현재 "ナウい"라고 말하는 사람이, 정말로 "ナウい"일까...

(3) エレガント・な【ダ】上品で優雅なようす。

　　a. エレガジトな香りを持つ西洋ハーブ「リンデン」の成分
　　　を配合したせっけん、

　　　상급인 향기를 지닌 서양 허브 「린덴(Lindenbaum)」의 성
　　　분을 배합한 비누

　　b. 店長から一言名前の通りエレガントな猫脚のラインが
　　　とっても人気ですね。

　　　점장으로부터 한 마디, 이름 그대로 상급인 고양이 다리
　　　모양의 라인이 무척이나 인기입니다.

　원어가 일치하지 않는 외래어[3]도 있지만 아래의 〈표2〉와 같이
한・일 양어는 원어가 일치하는 외래어가 많이 있다.

〈표2〉 원어가 일치하는 외래어 일본어 한국어

원어	일본어	한국어	일본어	한국어
프랑스어	アンケート ニュアンス	앙케트 뉘앙스	アンコール カフェ	앵콜 카페
독일어	アルバイト ヒステリー	아르바이트 히스테리	アレルギー スキー	알레르기 스키
이탈리아어	ピザ パスタ	피자 파스타	スパゲッ ティ カジノ	스파게티 카지노

---

3) 거즈(gauze : 英語), 캡슐(capsule : 英語)과 ガーゼ(Gaze : 독일어), カプセル
　(Kapse : 독일어) 등과 같다.

네덜란드어	ホース ポンプ	호스 펌프	コンパス エキス	콤파스 엑기스
포르투갈어	パン ミイラ	빵 미라	カステラ チョッキ	카스테라 조끼
중국어	チャンポン	짬뽕	ラーメン	라면
스페인어	メリヤス	메리야스	パパイヤ	파파야

〈표3〉 양어의 생략에 의한 대조표

원어	일본어	한국어	비고
contact lens	コンタクト	렌즈(レンズ) [4]	日(後 생략) 韓(전 생략)
night club	クラブ	나이트(ナイト)	日(전 생략) 韓(후 생략) [5]
stainless condominium	ステンレス コンドミニアム	스텐(ステン) 콘도(コンド)	일본어는 생략하지 않고, 한국어는 생략
toast food mixer dryer	トースター ミキサー ドライヤー	토스트(トースト)+機 믹서(ミキサ)+機 드라이(ドライ)+機	일본어가 er형으로 사용하고 한국어가 +機가 접속
chat fight hunt	チャット ファイト ハント [6]	채팅(チャッティング) 파이팅(ファイティング) 헌팅(ハンティング)	일본어는 그대로 사 용, 한국어만 ing 붙 여사용
potato chips windows aerobics	ポテトチップス ウィンドウズ エアロビクス	포테토칩(ポテトチップ) 윈도우(ウィンドウ) 에어로빅(エアロビック)	일본어는 s 사용 한국어는 s 생략

---

4) 렌즈(レンズ)는 한국에서는 콘택트 렌즈를 일본에서는 현미경과 돋보기의 렌즈를 말한다.
5) 「알바(アルバ)」도 일본어에서는 「バイト」 앞부분을 생략한다.
6) 「ハンティング」에서 파생된 「ハント(hunt)」는 한국어에서는 사용하지 않는다.

cymbals	シンバル	심벌즈(シンバルズ)	한국어만 s 사용

　한 · 일 양어는 외래어의 생략에 있어서도 차이를 보이고 있다. 일본어는 외래어의 뒷부분이 생략되고, 반대로 한국어는 앞부분이 생략되는 경우와 이와 반대의 외래어도 있다. 일본어는 원어를 생략하지 않지만 한국어는 생략하는 외래어도 있다. 또한, 일본어는 er형으로 한국어는 외래어+機가 또는 ing를 붙여 사용하는 경우, 일본어는 s를 붙여 사용하고, 한국어는 s를 생략하기도 하고 반대로 한국어만 s를 사용하는 외래어 등 다양한 형태가 대응한다.

〈표4〉 외래어와 한자어 · 고유어의 어종별의 구성에 의한 대조표

어종	일본어	한국어	일본어	한국어
한자어+외래어	電子レンジ 生クリーム	電子렌지 生크림	急カーブ 豚カツ	急커브 豚까스
외래어+한자어	ブラウン管 スキー場	브라운管 스키場	チェーン店 ゴルフフェア	체인店 골프場
고유어+한자어	オレンジ色 ピンク色	오렌지色 핑크色	カーキ色 パン粉	카키色 빵가루
외래어+외래어	バタークリーム ビニールハウス	버터크림 비닐하우스	サラリーマン ラブホテル	셀러리맨 러브호텔
외래어+고유어	ビニール袋	비닐봉지	ハウスみかん	하우스귤
고유어+외래어	紙コップ	종이컵		

〈표5〉 일본어의 외래어에 복합어로 대응하는 경우

한국어의 대응	한국어	일본어	의미
한자어+한자어	山岳自転車 籠球靴	マウンテンバイク バスケットシューズ	山岳+自轉車 籠球+靴
한자어+고유어	無 설탕 洋 상치	ノンシュガ レタス	無+砂糖 洋+レタス
고유어+고유어	앞유리 다진 고기	フロントガラス ミンチン	前+ガラス 刻んだ+肉
고유어+외래어	조각케이크 물티슈	ショートケーキ ウエットティッシュ	切れ+ケーキ 水+ティッシュ
외래어+한자어	팬시 店 메일 住所	ファンシーショップ メールアドレス	ファンシー+店 メール住所

위와 같이「하다」의 선행 요소가 혼종어인 경우에 있어서는 한
자어 요소의 생산성보다「고유어+한자어」,「한자어-고유어」+하다
의 경우가 많지만「한자어와 외래어」가 같이 나타나는 경우도 많
다. 일본어에도 和語, 한자어, 외래어의 어종이 혼합하고 있는 혼종
어가 복합어로 나타난다. 선행 요소가 혼종어인 경우「(和語+외래
어)+する」의 형태는 예를 찾을 수 없었다. 앞에서 고찰한 어구성에
서 나타난 한-일 양어의 혼종어를 종합해 보면 다음과 같다.

(1)「외래어+한자어」+하다/する
　　가스점검 하다, 체인화 하다, 이벤트화 하다.
　　カラー印刷する

(2) 「한자어-외래어」+하다/ する

  個人 레슨하다 등

  資金カンパする、脱サラする 등

(3) 「외래어+고유어 · 和語」+하다/する

  스파이질하다 등

  ガス漏れする、パン作りする、ラッパ飲みする 등

(4) 「고유어+외래어」+하다

  헛스윙하다 등

제3절 「하다」「する」와 관련된 양어의 외래어의 대조

같은 외래어를 사용하지만 의미 · 용법이 다른 일부의 예를 보면 다음과 같다.

(1) 미팅 :「ミーティング」는 일본어에서는 무엇을 결정하기 위
   한 모임의 의미만 있고 한국에서는 이성을 만나는 의미로 많
   이 쓰인다. 미팅은 일반인에게 통하지만 젊은 사람들의 말로
   파생어가 있다.
   a. 소개팅(紹介+ting) 친구들의 소개로 이성을 만나는 것.
   b. 번개팅(雷+ting) 채팅과 인터넷에서 알고만단 이성과의

만남.

c.문팅(文+ting) 폰의 문자메시지를 주고받는 문팅이 있다.

(2) 오픈 :「オープン」은「だ ・ する」에 접속하고 「새로운 가게
를 열다」의 의미로는 같지만「オープンな家庭、オープンな
性格」에서는 개방적이라는 의미로 쓰인다.

(3) 터프 : タフだ는 일본에서는 정신적 육체적으로 강한 사람
이고 한국에서는 행동이 대담하고 남자답고 몹시 거친 사람
을 나타낸다.

(4) 페인트 :「ペンキ」는 「する」를 붙일 수 없고 「ペイント」는
색을 칠하는 행위로 「ペイントする」, 「ペインティング」 등
과 같이 사용된다. 한국어로는 「페인트칠하다」로 사용되고
「*페인트하다」는 사용할 수 없다.

(5) 메이크업 :「メイクアップ」도 「メイクする」로 일본어에서
는 생략하여 사용할 수 있지만 한국어에서는 「*메이크하다.」
와 같이 생략하여 사용할 수 없다.

(6) 파머, 샤워 :「パーマー」「シャワー」 등은 한국어에서는 「하
다」가 접속되지만 일본어는 「かける」가 대응하며 「する」는
접속되지 않는다. 「ドライヤーする」라고 하면 일본어로서

의미가 통하지 않는다.

(7) 디씨 : 「DC(discount의 약자)」는 「하다」를 접속하여 사용하
    는 알파벳 약어이다.

〈표6〉「하다/する」의 접속 여부에 따른 분류표

한국어	일본어	하다	する
오픈하다	オープンする	+	+
클릭하다	クリックする	+	+
데이트하다	デートする	+	+
디자인하다	デザインする	+	+
다운로드하다	ダウンロードする	+	+
허스키하다	ハスキーだ	+	-
터프하다	タフだ	+	-
로맨틱하다	ロマンチックだ	+	-
섹시하다	セクシーだ	+	-
리얼하다	リアルだ	+	-
주스[7]	ジュース	-	-
오토바이[8]	オートバイ	-	-
바이킹[9]	バイキング	-	-
오디오[10]	オーディオ	-	-

---

7) ジュース/주스는 일본어의 의미가 폭이 넓다.
8) オートバイ/오토바이는 일본에서는 「バイク」라는 말이 주로 쓰인다.
9) バイキング/바이킹은 먹는 방법의 의미로는 한국어에서는 사용하지 않는다.
10) 「オーディオ/오디오」는 일본어에서 음향과 음향기기 전체를 가리키고 한국
    어의 오디오는 스테레오/콤보라고 한다.
11) 「スキン/스킨」은 단독으로 사용하지 않고 「スキンケア」와 같이 사용하고「オ
    スキン」이라고만 말하면 일본에서는 다른 의미로 통한다.

스킨[11]	スキン	-	-
바꿔 공부하다	アレンジする	-	+
응대하다	キープする	-	+
내려가다	ダウンする	-	+
손에 넣다	ゲットする	-	+
올라가다	アップする	-	+

위의 표와 같이 한·일 양어 모두 「하다/する」가 접속이 가능한 외래어와 한·일 양어 모두 접속이 불가능한 외래어가 있다. 또한 한국어에는 「하다」가 접속이 가능하지만 「する」는 접속이 불가능한 것도 있고, 역으로 일본어의 「する」는 접속할 수 있어도 「하다」는 접속이 불가능한 외래어가 있다. 한·일 양어 모두 접속이 불가능한 외래어는 소위 명사다운 명사인 외래어이지만 같은 형태의 표현을 하여도 의미 내용에 있어서는 현저한 차이가 있는 외래어가 있다.

또, 「하다/する」 중 한쪽만 접속이 가능한 외래어 중에는 예를 들면 「アレンジする、キープする、ダウンする、ゲットする、アップする」와 같이 「する」가 접속되어 동사가 되는 경우와 「キュートな、オープンな、アクティブな、ゴージャスな、マイナーな」와 같이 「な」형으로 「ナ形容詞」될 수 있는 외래어는 한국어에서는 외래어가 아닌 고유어나 한자어가 대응하는 경우도 존재한다.

이러한 접속의 문제에 관해서는 한자어의 품사와 관련지어 구체적으로 보하기로 한다.

제5장

「하다」와 「する」의 한자어의 대응 관계

제1절 한 · 일 양어에 있어서의 한자어

앞에서 언급하였듯이 한 · 일 양어는 유사한 언어이고, 특히 한자를 사용한다는 점에서도 공통점을 갖고 있다. 또한 한자어가 비슷한 의미와 용법으로 사용된다는 점은 한 · 일 양어의 습득이나 교육에 있어서 매우 유리하게 작용한다고 말할 수 있다.

중국에서 도입한 한자가 한국과 일본에서 사용되어 오면서 오랜 역사를 거치는 동안 일상생활을 비롯하여 사회 · 문화 등 모든 분야에 걸쳐 많은 영향을 미쳤다. 그러나 같은 한자문화권이라고 하여도 한 · 일 양국은 사회적 제도나 문화적 환경이 다르고 문자사용면에 있어서도 언어정책 등에 의하여 각기 다른 한자문화를 형성하여 왔다. 더욱이 한자사용은 언어정책의 차이 등에 따라 한자의 자종이나 자체뿐만 아니라 한자어의 의미와 용법에 있어서 꽤 많은 차이를 발생시켰다.

한·일 양어의 한자는 음이나 한자어의 뜻에서 추정이 가능한 것도 있지만 추정이 불가능한 것도 많이 있다.

일본어 교육에서 한자는 매우 중요한 영역 중의 하나이다. 일본어 교육에서 한자교육은 문자교육과, 한자읽기는 음성교육과, 한자숙어는 어휘교육과도 관련성이 깊다. 그러나 한국어를 모어로 하는 일본어 학습자의 체계적이고 효과적인 한자습득을 위한 연구는 일본어 교육면에서 보면 미흡한 편이다.

같은 한자문화권인 한국어를 모어로 하는 일본어 학습자들이 일본어의 한자습득에 어려움을 느끼는 주요인을 다음과 같이 요약해 볼 수 있다.

먼저 내적 요인으로는 한국의 한자교육 정책의 혼란성을 들 수 있다.

한국은 1948년 「한글전용에 관한법률」을 공표한 이래 한글전용 정책, 한자병용 정책, 한자혼용 정책 등, 한자교육의 혼란을 거듭하였고, 이러한 국어교육 정책으로 인하여 1970년대 이후에 교육을 받은 한글전용 세대들은 한자사용에 어려움이 많다.

외적 요인으로는 일본한자의 복잡성을 들 수 있다.

한국한자음은 一字一音으로 읽는 것이 원칙이나 일본한자음은 一字多音으로 읽는 한자가 대부분이다.

〈표7〉은 한·일 양어의 고유한자이다. 즉, 일본어에는 존재하지 않는 한국 고유의 한자와 한국어에 존재하지 않는 이른바 「国字」

라고 부르는 「和製漢字」가 있다.

「国字」이외에도 일본어에서는 한자의 글자체를 略字体로 사용하여 한국어와의 字体의 문제가 있다. 「廣 · 国 · 新 · 林 · 對 · 發」등은 字体를 간략화한 일본한자로 한국어를 모어로 하는 일본어 학습자에게는 일본한자의 약자체로 표기함에 따라 추정이 불가능한 한자도 있다.

〈표7〉한국어와 일본어의 고유한자(国字)[1]

固有漢子	한국어	乭㐘垈畓帖迲逧䯍
	일본어(国字)	匁込峠畑塀榨働枠

그래서 먼저 한자교육과 관련하여 한자어의 위상과 한자음에 대하여 고찰하고자 한다.

제2절 한 · 일 양어에 있어서 한자의 위상

2-1. 한국어에 있어서 한자의 위상

한국에서는 1970년대까지는 한글한자 혼합문의 형태로 교과서에 한자를 사용하여 국어교육의 일환으로 한자를 교육시켜 왔으나

---

1) 일본에서 만들어진 「和製漢字」를 「国字」라고 한다. 상용한자 중에서는, 「匁込峠畑塀榨働枠」의 8자가 「国字」이다. 인명한자에는 「笹 麿」의 2자가 있다. 〈金田一春彦外, 「日本語百科大事典」(大修館書店, 縮刷版1995)p334〉

1970년 이후 한글전용정책에 의해 초·중·고의 교과서에서 한자가 사용되지 않았고, 1975년에 중·고의 교과서에 다시 등장했었지만 한자를 ( )에 넣어서 표기하는 한글한자 병용정책이었다. 현재 한자교육은 초등학교에서는 전혀 행하여지지 않고 중·고등학교에서 「한문」이라는 별도의 과목으로 주1회 정도로 가르치고 있어 한자교육은 매우 미미하여 한글전용정책 이후에 교육을 받은 한글전용 세대들은 한자 사용에 어려움이 많다.

〈표8〉 한글전용과 한자혼용의 논리의 특징

한글전용 의 논리	(1) 한자는 글자수가 많고 획수도 복잡해져서 사용하기 어렵다. (2) 한글은 기계화의 용이성과 실용성에 있어서 뛰어나다. (3) 한글은 표음성과 문자구조의 관계성에 있어서 우수하다. (4) 언문일치를 위해 한자의 사용은 바람직하지 않다. (5) 민족문화의 보존시, 주체성을 지키기 위해 한글을 사용해야 한다.
한자혼용 의 논리	(1) 한자는 의미파악에서 정확하고 빠르다. (2) 단어의 반 이상이 한자어이기 때문에 그 모태의 한자를 알 아야 한다 (3) 동음이의어의 경우, 한글표기에서는 그 식별이 용이하지 않다. (4) 표의문자인 한자는 조어력과 축약력에 있어서 우수하다. (5) 한자 폐지는 전통문화와 동양문화에서의 고립을 초래한다.

1948년 10월 9일, 한글전용법이 법률 제 6호로 공표되어진 이후, 한국의 문자정책은 한글전용 정책이 10회, 한자혼용 정책이 7회나 채택되어 왔고 한자교육의 논쟁은 아직도 계속되고 있다. 즉, 1945년 이후 한국어의 표기법에서 한글전용론과 국한혼용론의 논의가

이어지고 있지만 아직 명확한 결론이 나지 않은 상태이다.

1970년 이전에는 한자어의 표기는 대부분 한자로 표기되었지만 그 이후에는 신문·잡지를 비롯하여 모든 종류의 서적에서 한글로 표기하고 있고 특히, 젊은이를 독자대상으로 하는 경우는 한자표기를 전혀 볼 수 없다.

신문에 점유하는 한자어의 비율이 1960년도까지 90% 이상을 웃돌았던 것이 근년에 들어와서부터는 7.8%로 급격하게 감소하였다. 이 같은 한자표기율의 저하는 한글전용 정책에서부터 기인하고 있다고 볼 수 있다.

일본의 「상용한자」는 법령·공용문서·신문·잡지·방송 등 일반사회 생활에서 일상적으로 사용되고 있다. 일본에 비해서 한국은 1972년에 재정되었던 1800자의 「기초한자」는 한문교육을 실시하기 위해 필요한 한자를 선정했던 것이어서 일상생활과는 별로 관계가 없는 편이다. 또, 한국의 경우 기초한자에 없는 한자를 한글로 표기하기 때문에 일본의 「동음한자에 의한 대용」같은 방법도 채용하고 있지 않다. 한국에서는 한자 자체에 대한 공식적 기준이 없다.

이상과 같이 한국에서는 학교교육에서부터 한자교육이 충분히 행하여지지 않고 한글표기가 정착되어 있다. 「한글전용론」과 「한자혼용론」과의 뿌리 깊은 대립과 한국정부의 한자정책에 대한 표류는 일본에 비해 한자가 일상생활화되지 못한 절대적인 이유라 할 수 있다.

2-2. 일본어에 있어서 한자의 위상

일본어는 한자와 가나를 혼용하여 표기하고 있다. 한자가나 혼용표기는 명사나 용언의 어간 등은 한자로 쓰고 조사 · 조동사와 같이 활용형의 어미 등은 가나로 쓰는 것을 말한다.

田中(1982)는 한자가나 혼용문의 방법이 일본어 표기로서 가장 적당한 이유를 다음과 같이 들고 있다.

① 한자 때문에 문절의 첫머리가 뚜렷하여 읽기 쉽다.
② 한자로 인해 자립어와 조사 · 조동사류와의 구별이 명확해지는 경우가 많다.
③ 한자사용에 의해서 자립어의 표현면에서의 시각인상이 뚜렷하게 고정된다.
④ 한자에 의해 나누어 쓰기의 필요성이 해소된다.
⑤ 한자의순을 사용하는 것에 의해서 가나쓰기 글자면의 장황함이 단축된다.

일본어의 현대표기에는 1850자의 「당용한자」로 한자의 사용을 제한했다. 현대표기의 기초인 「당용한자표」는 1981년에 95자를 덧붙여 1945자의 「상용한자」로 고시되었다.

「상용한자」는 「당용한자」를 증보했던 자종표인 동시에 「당용한자음훈표」, 「당용한자자체표」에 해당하는 것도 포함시켰던 종합적인 한자표이다. 다만, 「당용한자표」 등이 한자의 자종, 음훈 자체를

제한했던 것과 달리, 일반의 사회생활에 있어 한자사용의 기준을
가리켰던 것이다.

한자의 제한은 한자의 학습상의 부담을 경감하고 사회생활에 있
어서 전달효율을 높이기 위해 일상적으로 사용하는 한자의 자종을
일정한 수로 제한하는 것을 목적으로 하고 있다. 넓은 의미에서는
자종뿐 아니라 글자체 · 음훈의 제한도 포함되어 있다.

이처럼 일본어의 표기법에서는 일본정부의 일관했던 국어정책
에 의해서 일반적으로 한자가나 혼용문이 사용되어 왔고 이러한
정책은 한자의 존재가 필요불가결한 것이고 그만큼 한자의 위상이
높다고 말할 수 있다.

2-3. 한 · 일 양어에 있어 한자의 효용성

한자어는 표의성이 높고 시각인상이 강하여 한글이나 일본어의
가나문자보다도 우수하다. 즉, 한 · 일 양어에서 표현의 실질적인
부분은 오히려 한자가 담당하고 한글이나 일본어의 가나문자는 형
식적 · 문법적인 부분을 부담하고 있다고 할 수 있다.

한국어의 어휘 중에서 한자어는 일본어 이상으로 큰 역할을 수
행하고 있다. 한국문교부의 잡지, 신문 및 초 · 중등교육의 교과서
를 대상으로 한『한국어 어휘사용의 빈도조사』(1956)에 의하면,
빈도 상위 2000어(조사대상에서 제외한 2,017어)의 구성은 고유
어 1,043어(51.7%), 한자어 830어(42.1%) 외래어13어(1.0%)를
점유하고 있다. 또, 한국어의 국어사전인『큰사전』(1957)에는 표

제어 총수 140,464어 중 한자어 81,362어(57.9%), 고유어 56,115
어(40.0%), 외래어 2987어(0.2%)를 차지하고 있다. 또,『국어
대사전』(1961,이회승 편)에서는 어휘총수 257,854어 중 한자어
178,745어(69.32%), 고유어 62,913어(24.3%), 외래어 16,196어
(6.0%)로 되어 있다.

　일본의 국립국어연구소『잡지 90종의 조사』(1956)에 의하면, 한
자어는 47.5%, 和語 36.7%, 외래어 9.8%로 되어 있다. 또, 같은 연
구소의『신문조사』(1966)에는 한자어44.3%, 和語 38.8%, 외래어
12.0%로 되어 있어 일본은 한자어의 비중이 和語보다 높다고 할
수 있다.

〈표9〉 한·일 양어에 있어서 어종의 사용률

한국어				일본어			
어휘	어휘사용 빈도조사	우리말 큰사전	국어 대사전	어휘	잡지	신문	계
고유어	51.7%	40.0%	24.3%	和語	36.7%	38.8%	37.6%
한자어	47.1%	57.9%	69.3%	한자어	47.5%	44.3%,	45.9%
외국어	1.0%	0.2%	6.0%	외국어	9.8%	12.0%	10.9%

　한국어는 한자도 한글도 1자 한 음절이기 때문에 한자로 표기해
도 한글로 표기해도 글자수에는 그다지 변화가 없다. 즉, 한국어는
한자나 한글로 표기해도 글자수가 같아 문장의 길이도 비슷하다.
그러나 일본어는 한자를 가나로 표기하면 다음 절로 표기되어 한
자 가나 혼용문을 가나 전용문으로 표기하면 매우 긴 문장이 되어

버린다. 또한, 일본어는 띄어쓰기를 하지 않아 한자를 사용함으로써 시각적 효율을 높여 자립어와 부속어(조사·조동사류)와의 구별을 명료하게 할 수 있다.

이상과 같이 한·일 양어를 비교해 보면 한국어의 경우 한자를 사용하지 않고도 문장의 표기나 의미파악에서 큰 지장을 주지 않을 정도로 한자의 효용성은 낮은 편이고, 일본어는 표기나 의미파악을 위해 한자가나 혼용문이 효과적으로 한자는 일본어에 있어서 중요한 존재로서 그 효용성은 매우 높다고 말할 수 있다.

제3절 한·일 양어의 한자음

일본어 교육에서 한자는 매우 중요한 영역이라는 것을 앞에서 언급하였다.

여기에서는 한국어를 모어로 하는 일본어 학습자에게 일본한자를 보다 효과적이고 체계적으로 습득할 수 있도록 일본어 상용한자음과 한국한자음의 대응 관계를 제시하고자 한다.

중국한자의 字音[2]이 한국이나 일본에 전해져서 '한국한자음', '일본한자음'으로 정착하여 한·일 양어의 어휘구성요소로서 중요한 역할을 하고 있다.

---

2) 중국어를 표기하기 위한 한자는 중국어로서의 발음을 한자음 또는 字音이라고 한다. 한·일 양어의 한자음과 중국 한자음과의 관계에 대해서는 정확히 실증적으로 증명하기는 어렵다고 생각된다

한국한자음을 일본한자음과 비교해보면 「亞, 異, 査, 雨, 可, 古」 등과 같이 일치하는 소수의 한자음도 있으나 일치하지 않는 한자음이 대부분이다.

일본상용 한자음을 한국 한자음과 대조분석해 보면 일치하지 않는 한자음의 원인은 음운변화와 관계가 있고 오늘날의 한자음은 도입 당시의 한자음과는 상당한 차이를 보이는 변화된 한자음임을 알 수 있다[3]

한국어와 일본어는 음절구조나 음운체계가 다르기 때문에 규칙화하는 것이 대단히 어렵다. 특히 양어는 중국 원음인 한자음을 받아들이는 과정에서부터 많은 차이를 보이고 있으며, 또 중국 원음을 받아들인 후 세월이 흐르는 동안 각각의 언어에 많은 음운변화가 발생하여 일치하지 않는 한자음이 생기게 되었다. 이러한 원인들에 의하여 오늘날 한자음을 습득하는데 적지 않은 장애요소가 되고 있다. 따라서 한국 한자음을 가지고 일본 한자음을 습득하고 이해하기 위해서는 이러한 배경에 대한 기본적인 지식이 절대적으로 필요하다.

우찬삼(2002)은 1905자의 일본 상용한자를 한국어를 모어로 하는 일본어 학습자들의 한자습득을 위하여 규칙으로 제시하였다. 그러나 1 : 1로 대응되는 경우는 용이하지만, 이 규칙들은 1 : 多 혹은 多 : 1로 대응되는 경우도 있어 일치율을 참조하여 이용한다

---

3) 변화된 한자음의 원인이 음운변화에 있다면, 그 음운변화를 이해함으로써 효과적인 방법으로 일본한자음을 습득할 수 있을 것이다.

면 일본어 한자음을 보다 효과적으로 습득할 수 있으리라 생각된
다.[4]

1) 한국 한자음의 두자음과 일본 한자음의 대응 관계

한국어의 두자음은 19개로 이 중 한자음에 나타나는 두자음은
16개이다. 16개 중 'ㅆ(氏 : 씨), 'ㄲ(喫 : 끽)'은 단 1자씩만이 두자
음으로 사용되기 때문에 두자음 중 14개의 한국한자 두자음의 규
칙이 생겨난다.

〈표10〉 한 · 일 양어 두자음의 대응표

한국 한자 음	일본 한자 음	대응율(%)	예외	한국 한자 음	일본 한자 음	대응율(%)	예외
ㄱ ㅎ	カ ガ	394/400(89.5) 39/440(8.8%)	7자	ㅁ	マ バ	52/96(54.2%) 43/96(44.8%)	1자
ㄴ	ナ ダ	16/23(69.6%) 6/23(26.1%)	100%	ㅂ ㅍ	ハ バ	117/218(81.2%) 41/218(18.8%)	100%

---

4) 한국어의 음절은 CVC구조로 구성되어 있어 일본 한자음을 하나의 규칙으로
   제시하는 데에는 어려움이 많다.

ㄷ	タ	90/124(72.6%)	100%		ア	101/254(89.5%)	4자
ㅌ	ダ	34/124(27.4%)			ヤ	58/254(8.8%)	
ㅅ	サ	42/652(65.4%)	7자	○	ガ	53/254	
ㅈ	ザ	107/652(16.4)%			ザ	19/254	
ㅊ	タ	118/652			ナ	3/254	
ㄹ	ラ	97/97(100%)	100%				

2) 한국 한자음의 모음과 일본 한자음의 대응 관계

한국어의 母音 수는 21개 중 한자음에 사용되는 모음은 19개이
다. 일본어의 모음수는 7개(단모음 5개, 반모음 2개)로 이들은 모
두 한자음에도 사용된다. 이것은 한국 한자음의 모음과 일본 한자
음의 모음이 多 : 1로 대응됨을 말해주는 것이다.

〈표11〉에 제시한 한 · 일 양어 한자음의 모음대응표는 개략적인
것으로 예외적인 것도 있지만 일본어 교육에서 일본 한자음 습득
에 많은 도움이 될 수 있다. 즉, 한국 한자음 모음「ㅏ」가 일본 한자
음「ア」와 대응되는 하나만으로도 일본어 학습자의 한자습득에 큰
도움이 된다.[5]

---

5) 「加, 果, 河, 火, 磨, 波」 등과 같이 한국 한자음에서 모음 「ㅏ, ㅘ」를 포함하는
한자는 일본 한자음으로는 「ア」혹은,「イ」가 된다. 한국 한자음의 모음「ㅏ」
가 일본 한자음의 모음『イ』와 대응되는 것은 한국어의 음운변화인 아래아모
음(-ɐ-)의 소실에 의한 것이고, 한국 한자음의 모음'ㅘ'가 일본 한자음의 모음
「ア」에 대응되는 것은 일본어의 음운변화인 합요음의 소멸에 의한 것이다. 이
처럼 대응 관계에 어긋나는 경우는 대부분 양어의 음운변화와 관련성이 있으
며, 원음인 중국어음을 받아들이는 수용과도 관련이 있다. 자세한 연구로는 河
野六郎(1979), 禹燦三(1991) 등이 있다.

3) 한국 한자음의 말자음과 일본 한자음의 대응 관계

한국어에서 받침 28개 중 한자음의 받침음은 6개뿐이다. 예를 들면 한국 한자음의 받침 「ㅁ, ㄴ」은 일본 상용한자(392자)음 「ン」에 100% 대응[6]된다.

〈표11〉 양어의 한자음의 모음 대응표

한국 한자음의 모음	일본 한자음의 모음
아, 와	a, i
야	ya
어, 여	yo, ei
오, 요	o, ou, you
우, 유	u, yuu, yu, ou
이, 위, 의	i
애, 왜	ai
에, 예	e, ai
웨	i
외	ai

---

6) 1字2音 이상인 한자는 첫 음을 기준으로 산출했다. 받침 'ㅂ'인 한자 「接, 湿, 圧, 摂) 등이 일본 한자음의 -u에 대응되지 않고, -tu에 대응되는 것과 같이 대응 관계에 벗어난 경우가 있다. 한국 한자음의 받침 『ㅁ, ㄴ』이 일본 한자음에서 개음절화된 「-mu, -n u」에 대응되지 않고 「ン」과 대응을 보이는 것은 일어의 음운변화에 의한 것이다.

〈표12〉 말자음과 일본 한자음과의 대응표

한국 한자음 말지음	일본 한자음	대응률
- ㅁ	-N	392/392(100%
- ㄴ		
- ㅇ	-u	270/3477(78%)
	-i	77/347(22.2%)
- ㅍ	-u	39/43(90.7%)
- ㄹ	-tu	89/96(92.7%)
	-ti	7/96(7.3%)
- ㄱ	-ki	171/210(81.4%)
	-ku	35/210(16.7%)

제6장

한 · 일 양어 한자어의 품사와
「하다」, 「する」의 접속여부

제1절 한 · 일 양어 한자어의 품사 비교의 필요성

　한 · 일 양어의 한자어에는 형태나 어의와 용법이 일치하는 어휘가 많아 한국어를 모어로 하는 일본어 학습자에 있어서는 일본어를 습득하는데 있어서 매우 친숙하여 습득하기가 매우 쉬운 편이나 한국어의 한자어를 그대로 일본어에 대응시켜 사용하면 모어의 간섭이 일어나 여러 가지 오용이 일어난다는 것은 앞에서 언급하였다.

　이러한 점에서 한자어의 의미와 문법적 성질에 관한 대조를 통하여 한국어와 일본어의 한자어 유형과 특질을 규명하기 위하여 양어의 한자어 품사성의 유사점의 관계를 밝히고자 한다.

　지금까지 한자어의 품사의 특정에 대한 연구성과를 근거로 해서 한국어를 모어로 하는 일본어 학습자의 한자어 습득에 도움이 되는 방법에 중점을 두어 검토하기로 한다.

〈표13〉 한 · 일 양어 한자어의 의미 차이 및 존재 여부에 따른 한자어 분류표

의미가 거의 같거나 극도로 가까운 한자어	安全, 拒否, 作品, 太陽, 用法, 利用
의미가 일부 중복되고는 있지만 의미 차이가 있는 한자어	愛人, 外人, 家內, 始末, 人事, 文句
의미가 현저하게 다른 한자어	面長, 工夫, 心地, 生鮮, 平生, 来日
한국어에는 존재하지 않고 일본어에만 존재하는 한자어	家外, 撜着, 器用, 常連, 大功, 文通
일본어에는 존재하지 않고 한국어에만 존재하는 한자어	苦生, 宮合, 妓生, 德分, 門牌, 相議

먼저 한 · 일 양어의 한자어에는 〈표13〉과 같이 표기는 같은 한자이지만 의미가 같은 한자어와 의미가 중복되거나 약간의 차이가 있는 한자어, 이와는 달리 의미가 전혀 다른 한자어가 존재한다. 한편, 한 · 일 양어에서 한자 자체는 공통으로 사용하고 있지만 한자어로서는 서로 존재하지 않는 등의 한 · 일 양어에 있어서 한자어는 상이한 점도 많이 존재하는 등의 복잡한 양상을 보이고 있다.

따라서 한자는 한 · 일 양어에 있어 각기 의미를 갖고 있을 뿐만 아니라 문법적 성질인 품사성[1]도 각각 갖고 있다.

---

1) 일본어의 품사 분류는 橋本進吉의 학설을 근거로 한 学校文法의 분류 기준에 의하나, 「ナ形容詞」는 일본어 교육의 관점에서 「ナ形容詞」로 분류한다.

　일반적으로 한자어에서 실체 개념을 나타내는 한자어는 명사가 된다. 그러나 속성개념을 갖는 한자어는 동작성을 갖는 경우 「하다 · する」를 붙여서 각각 「하다 동사」와 「する動詞」가 되며, 상태성을 갖는 한자어는 한국어에 있어서는 동사와 같은 형태의 「하다」를 붙여서 「하다 형용사」 일본어에 있어서는 「な,に」 등을 붙여서 「ナ形容詞」가 되기도 한다.

　한국어 「하다」와 일본어 「する」는 동사화하는 기능이 있고 그 동사화하는 기능이 생산적이라는 점이 일반동사와 다른 특징을 가지고 있다.

　한 · 일 양어의 동사는 그 형태에서 어간과 어미와에 관계를 다음의 표와 같이 일반적인 동사와, 「する」 및 「하다」가 접속하는 동사로 나눌 수 있다.

　일본어 동사의 기본형의 어미가 「9行」으로 다양하지만, 한국어는 동사의 어미가 「~다」 하나 밖에 없다. 특이한 점은 한국어의 경우는 형용사도 동사와 같이 「~다」의 형태를 취하고 있다. 이들 동사들 중에서 명사 등을 선행 요소로 하고 동사를 만드는 기능이 한 · 일 양어 모두 「하다/する」가 접속하여 동사를 만든다는 매우 생산적이라는 점이 공통이다.

　〈표14〉의 3은 한국어에서는 형용사로 분류되는데 a는 한국어는 어미가 「~다」의 형태를 취하고 있는 경우이고, b, c는 「~하다」의 형태를 취하고 있지만 선행 요소의 결합도가 다르다. a, b는 일본어에서는 형용사의 형태에 대응하고 c는 「ナ形容詞」의 형태에 대응한다. c의 선행명사는 그 의미가 일반동사의 경우와는 의미적으

로 다르다.

　일본어에서는 「ナ形容詞」의 어미 「~だ」가 접속하여 3의 c와 같이 선행명사를 용언화하지만 한국어에서는 「하다」를 접속하여 용언화할 수 있다.

　따라서, 한국어의 「~하다」와 일본어의 「~する」를 품사면에서 대조해 보면 일본어의 「~する」의 형태는 전부 동사로 분류되지만 한국어의 「~하다」는 동사와 형용사로 나누어진다.

〈표14〉 양어의 용언의 비교 대조표

1		吸う、書く、泳ぐ、話す、立つ、呼ぶ、死ぬ、読む、乗る、食べる、寝る、する...
		피다, 쓰다, 수영하다, 말하다, 서다, 부르다, 죽다, 읽다, 타다, 먹다, 자다, 하다...
2		運動する、研究する、勉強する、合図する、挨拶する、用心する...
		運動하다, 研究하다, 工夫하다, 信號하다, 人事하다, 操心하다
3	a	明るい、暗い、長い、大きい、短い、小さい、白い、広い
		밝다, 어둡다, 길다, 크다, 짧다, 작다, 희다, 넓다
	b	やさしい、明るい、厳しい、おとなしい、さびしい、すまない、強い、弱い、危ない...
		착하다, 환하다, 엄하다, 순하다, 쓸쓸하다, 未安하다, 強하다, 弱하다, 危險하다...
	c	有名だ、必要だ、幸福だ、親切だ、正確だ、円滑だ、安全だ、曖昧だ
		有名하다, 必要하다, 幸福하다, 親切하다, 正確하다, 円滑하다, 安全하다, 曖昧하다

한국에서는, 한자어 명사에 일본어의 「する」에 해당하는 「하다」를 붙여 용언화하는 경우에, 그 한자어가 동작성을 가지고 있으면 동사, 상태성을 가지고 있으면 형용사라고 한다. 한국어는 일본어의 동사에 해당하는 것도, 형용사에 해당하는 것도, 기본형이 「~다」로 끝나고 있어 형태상의 차이는 보이지 않는다. 이것이 뒤에 기술한 품사규정 기준과 자·타동사 개념의 차이의 원인이 된다.

위의 대응 관계를 살펴보면, 한국어의 「한자어+하다」가 일본어의 「漢字+する」·형용사·형용동사의 3개에 대응하고 있는 것을 알 수 있다. 한국어의 용언은 동사와 형용사의 2개뿐으로, 일본어와 비교해 보면, 한국어의 동사는 일본어에서는 형용사의 일부로 분류되어 있는 경우도 있다.

예를 들면, 일본어의 동사 「要る」는 한국어의 형용사에 대응하고, 「在る, 居る」 등은 한국어에서는 동사, 형용사 쌍방의 성질을 가지는 어로써 분류된다.

「한자어+하다」는 위에서 기술한 것처럼 그 활용 후에 동사, 형용사로 분류되지만 일본어의 동사가 한국어의 형용사의 일부와 대응하고 있는 것도 있다.

예를 들면, 일본어의 동사인 「混雜する」에 대응하는 한국어 「混雜하다」가 형용사로서 분류된다. 이것은, 품사의 규정기준이 다르기 때문이다. 이러한 것이 동일한 한자, 의미인 것에도 불구하고, 다른 품사로써 인식되는 것은 양어의 상이점을 생각하는 것에 맞춰 본다면 흥미 깊은 점이기도 하다.

한국어에서는 동사뿐만 아니라 형용사도 「~하다」의 형태를 취

하고, 일본어는 동사, 형용사, 「ナ形容詞」로 형태적으로 확실히 구별되기 때문에 이와 같은 대응 관계가 성립된다. 한국어의 경우는 동사와 형용사와의 분류는 어미(~다)가 같기 때문에 형태소로는 용언을 구별할 수 없고 어휘의 의미에 의하여 구별한다는 점이 크게 다르다. 한편, 일본어는 용언의 어미가 다르기 때문에 의미에 의한 분류가 아니고 형태적으로 용언을 구별한다는 점이 한국어와 크게 다르다고 할 수 있다. 〈표15〉를 다음과 같이 네 타입으로 분류하여 볼 수 있다.

〈표15〉 한 · 일 양어의 『하다』 「する」의 대응표

	한국어/일본어	
「~하다/~する」가 접속하여 동사가 되는 경우	研究する/研究하다 仕事する/일하다	愛する/사랑하다 勉強する/工夫하다
「~하다/~する」가 붙어 일본어는 동사가 되지만 한국어는 형용사가 대응하는 경우	不足する/不足하다 忠実する/忠実하다	一定する/一定하다 混亂する/混亂하다
「~하다」가 일본어의 형용사에 대응하는 경우	寂しい/쓸쓸하다 危ない/危険하다	溫かい/따뜻하다. 強い/強하다
「~하다」가 일본어의 「ナ形容詞」에 대응하는 경우	有名だ/有名하다 幸福だ/幸福하다	親切だ/親切하다 正確だ/正確하다

본 장에서는 어형성의 관점에서 한 · 일 양어의 「~하다」와 「~する」를 선행 요소로 하는 어종 및 어구조, 품사상의 대응 관계, 선행 요소와 「する/하다」의 결합도의 면에서도 대조 분석하기로 한다[2].

〈표16〉은 형태는 같지만 문법적으로 한 · 일 양국 간에 다른 기

능을 가진 한자어들이다.

〈표16〉 한 · 일 간 문법적 기능이 다른 한자어의 분류표

양어에서 명사가 되는 한자어	愛嬌 宇宙 海外 全国 体重 文化 法律
양어에서 「하다/する」를 동반하여 동사가 되는 한자어	暗記 案内 加入 再開 出発 予想 割引
「하다」에 접속하여 형용사, 「하다/する」 등을 동반하여 「ナ形容詞」가 되는 한자어	偉大 円滑 確実 急激 重大 切実 濃厚
양어에서 단독으로 부사가 되는 한자어	一旦 元来 極力 再三 全然 突然 勿論

    그런데 한자어 중에는 실체개념을 나타내는 것인가, 속성개념을
나타내는 것인가, 또 속성개념 중에서도 동작성을 나타내는 것인
가, 상태성을 나타내는 것인가, 라는 구별이 가지 않는 상당히 애매
한 말도 있다. 더욱이 하나의 말이 둘 이상의 품사 및 의미용법을
함께 갖고 있는 한자어도 있어 혼동하기 쉽다. 그 예로는 다음 〈표
17〉과 같다.

〈표17〉 한 · 일 간 품사가 다른 한자어의 비교표

한국어 품사	일본어 품사	예
명사	명사, 동사	飲食 影響 均衡 故障 手当 難航 律動

---

2) 「感じる, 重んじる, 存ずる」 같이 1자 한자어에 「~じる, ~ずる」가 접속하는 경
  우는 현대어에서는 생산성이 없다고 볼 수 있기 때문에 앞으로의 과제로 남기
  기로 한다.

명사, 형용사	명사, 동사	円熟 混雑 充実 焦燥 肥大 疲労 類似
명사, 동사	명사, ナ形容詞	豪奢 誇大 小食 短命 不信 不服 不変
명사	명사, 부사	一体 近来 自体従前 全体 代代 昼夜

이러한 한·일 양어의 상이한 한자어들이 존재함으로 한국어를 모어로 하는 학습자들의 일본어 습득에 도움이 되는 한·일 양어의 한자어의 차이점을 연구하는 것을 목적으로 하고 있다.

제2절 한·일 양어 한자어의 품사의 기준

한·일 양어의 한자어 품사 인정 기준은 다음과 같이 정리할 수 있다.[3]

2-1. 한국어의 한자어 품사 기준

(1) 명사성 한자어

a. 격조사 「이/가, 을/를, 의, 에서...」 등이 비교적 자유롭게 붙을 수 있다.

예) 運動이, 運動을 → 「운동」: 명사

---

3) 이우석(1985),「形容動詞の語幹に関する一考察:漢語からなるもの」의 자료에 근거함

　　　　*安易가, *安易를 → 「安易」 : 명사 불가

b. 서술격 조사 「이다」가 자유롭게 붙을 수 있다.

　　예) 美術이다. 文学이다. - 「美術, 文学」 : 명사

　　　　*高尚이다. *確實이다. → 「高尚, 確實」 : 명사 불가

c. 접미사 「-한」의 결합이 없어도 뒤의 명사를 수식한다. 즉 연체수식의 (관형사적인) 기능을 다하는 경우가 가능하다.

　　예) 穩健路線 穩健政策 → 「穩健」 : 명사

　　　　*鋭利質問 *鋭利觀察 → 「鋭利」 : 명사 불가

　　　　※鋭利한 質問, 鋭利한 觀察

d. 명사 및 명사에 준하는 한자어에 붙는 접미사 「的」이 접하는 것이 가능하다.

　　예) 経濟的 破格的 → 「経濟, 破格」 : 명사

　　　　*巧妙的 *盛大的一* 「巧妙、盛大」 : 명사 불가

(2) 동사성 한자어

a. 현재시제의 서술형 「-한다」가 자유롭게 붙을 수 있다.

　　예) 研究한다. 使用한다. → 「研究, 使用」 : 동사

　　　　*快活한다. *巧妙한다. → 「快活, 巧妙」 : 동사 불가

b. 현재시제의 관형사형 「-하는」을 자유롭게 취할 수 있다.

　　예) 愛用하는 象徵하는 → 「愛用, 象徵」 : 동사

　　　　*華麗하는 *容易하는 → 「華麗, 容易」 : 동사 불가

c. 「-하고 있다」형과 「-해 있다」형이 접할 수 있다.

　　예) 建設하고 있다. 歸国해 있다. → 「建設, 歸国」 : 동사

　　　*高貴하고 있다. *微妙해 있다. -「高貴, 微妙)」: 동사 불
　　　가

d. 어휘적 의미가「동작, 작용」의 뜻을 나타내고 있다.

　　예) 용례가 적은 경우, 어휘적 의미를 판단 기준으로 한다.

(3) 형용사성 한자어

a. 현재시제의 서술형 「-하다」가 자유롭게 붙을 수 있다[4]

　　예) 曖昧하다, 輕微하다 →「曖昧, 輕微」: 형용사 가능

b. 현재시제의 관형사형 「-한」을 자유롭게 취할 수 있다.[5]

　　예) 溫和한, 絕妙한 →「溫和,絕妙」: 형용사 가능

c. 어휘적 의미가「성질, 상태」의 뜻을 나타내고 있다.

　　예) 용례가 그다지 발견되지 않을 경우, 어휘적 의미를 판단
　　　기준으로 한다.

2-2. 일본어의 한자어의 품사기준

(1) 명사성

a. 격조사「を, が, に」등이 비교적 자유롭게 쓰인다.

---

4)「意味하다, 檢査하다」는 기본형이고, 현재형은 「-한다」가 붙어 意味한다, 「檢
　査한다」이다.
5)「交際한, 旅行한」과 같은 활용형은 현재시제가 아니고 과거시제의 관형사형이
　다.

예) 愛情を、愛情が→「愛情」: 명사

*蜀特を、*蜀特が→「蜀特」: 명사 불가

b. 어미 「-な」가 아닌 데도 단독으로 명사를 수식하고 결국 연체 수식 기능을 완수할 수 있다.

예) 有名歌手, 有名選手→「有名」: 명사

*偉大人物, *偉大国家→「偉大」: 명사 불가

c. 접미사 「的」이 접할 수 있다.

예)良心的, 穩健的→「良心,穩健」: 명사

*果敢的, *切實的→「果敢,切實」: 명사 불가

(2)동사성

a. 「する」를 붙여 동사화한다.

예) 移動する : 동사

*名人する : 동사 불능

b. 어휘적 의미가 「동작 · 작용」의 의미를 가진다.

예) 용례가 많지 않은 경우 어휘적 의미를 판단 기준으로 한다.

(3)형용사성

a. 「な, に, で....」 등의 활용어미가 일치하고 な형용사가 될 수 있다.

예)自由な表現→「自由」: ナ형용사

*約束な時間→「約束」: ナ형용사

b. 「たる, と」의 어미가 붙는다.

예) 確固たる信念→「信念」: タリ형용사

*発展たる社会→「発展」: タリ형용사 불가

c. 어휘적 의미가「성질·상태」의 의미를 포함한다.

예) 용례가 적은 경우 어휘적 의미를 판단 기준으로 한다.

제3절 한·일 양어 한자어의 품사의 차이

이우석(2002)[6]의 연구에 의하면 10,202語의 한자어 중 한 개의 품사를 갖는 한자어는 6,209어(60.86%), 두 개의 품사를 갖는 것이 3,958어(38.80%), 세 개의 품사를 갖는 것이 35어(0.34%)가 되고, 한국어는 4개의 품사를 갖는 한자어는 없었고, 한자어의 품사별 분류는 양어 모두 비슷한 경향이 보인다고 기술하고 있다.

〈표18〉 한자어의 품사성과 어수

품사성	일본어10202語(%)	한국어10202語 (%)
(1) 한 개의 품사를 갖 한자어	6,246 (61.22%)	6,209 (60.86%)
(2) 두 개의 품사를 갖는 한자어	3,881 (38.04%)	3,958 (38.80%)
(3) 세 개의 품사를 갖는 한자어	73 (0.72%)	35 (0.34%)
(4) 네 개의 품사를 갖는 한자어	2 (0.02%)	0 (0.00%)

---

6) 이우석(2002)「韓日漢字語の品詞性に関する対照研究」韓国外大大学院博士学位論文

양어의 한자어의 품사성의 종류와 유형의 특질을 근간으로 양어
에 공통으로 존재하는 2자 한자어(10,202어)⁷⁾를 대조함으로써 품
사 간의 연속성과 유형의 대응 관계를 분명히 하였다. 2자 한자어
10,202어의 품사는 〈표19〉과 같이 명사류가 5,884어(57.67%)와
명사+동사류가 3,597어(35.26%)로 가장 많고, 형용사류가 311어
(3.05%), 명사+형용사류 290어(2.84%), 명사+「ナ形容詞」가 64어
(0.63%)의 순이다.

〈표19〉 한 · 일 양어에 있어서의 한자어의 품사성의 유형과 어수

	품사의 유형	일본어 10.202語		한국어 10.202語	
		어수	비율(%)	어수	비율(%)
①	名詞類	6,059	59.35	5,884	57.67
②	名詞 · 動詞類	3,340	32,074	3,597	35.26
③	名詞 · 形容詞類	454	4.45	290	2.84
④	形容詞類	165	1.62	311	3.05
⑤	名詞 · ナ形容詞類	76	0.74	64	0.63
⑥	名詞 · 動詞 · 形容詞類	45	0.44	26	0.25
⑦	ナ形容詞類	21	0.2	14	0.14
⑧	名詞 · 形容詞 · ナ形容詞類	16	0.16	3	0.03
⑨	名詞 · 動詞 · ナ形容詞類	11	0.11	6	0.06
⑩	形容詞 · ナ形容詞類	7	0.07	5	0.05
⑪	動詞 · 形容詞類	3	0.03	1	0.01

7) 이우석(2002)은 품사의 차이가 있는 513어를 위와 같이 인정기준에 따라 재
인정하였다.

⑫	名詞・動詞・形容詞・ナ形容詞類	2	0.02	0	0
⑬	動詞・形容詞類	1	0.01	1	0.01
⑭	動詞・形容詞・ナ形容詞類	1	0.01	0	0
	기타	1	0.01	0	0

제4절 한·일 양어의 한자어의 품사

4-1. 「하다 형용사」가 일본어의 품사에 대응하는 한자어

4-1-1. 「하다 형용사」가 일본어 「名詞」에 대응하는 한자어

한·일 양어의 한자어가 한국어의 「형용사」와 일본어의 「ナ形容詞」가 품사 분류가 일치하는 경우, 「하다」는 「だ・である」에 「한」은 「な」에 대응한다. 그러나 연체수식어의 경우 연체형의 활용어미 「한」이 「な」에 대응하지 않고 「の」에 대응하는 경우[8]가 있다. 또 일본어에는 부사적으로 사용되는 「(永久, 永遠に)」한자어가 있다.

「하다 형용사」 중에는 한·일 양어가 기능이 강한 한자어이기 때문에 명사로 일치한다.

---

8) 「唯一한 理由」의 경우 「唯一の 理由」가 「唯一하게」는 일본어 「唯一」이 대응한다.

〈표20〉「하다 형용사」가 일본어 「名詞」에 대응하는 한자 「하다/する」 접속 여부

한자어	하다	する
極大(극대)	+	-
無色(무색)	+	-
無窮(무궁)	+	-
唯一(유일)	+	-
真実(진실)	+	-
仔細(자세)	+	-
全能(전능)	+	-

4-1-2. 「하다 형용사」가 일본어 「ナ形容詞」에 대응하는 한자어

먼저, 한국어를 모어로 하는 일본어 학습자에 의한 오용 예를 인용하여 본다.

① 私は気持ちが少し異常した。(→異常であった、おかしかった)

나는 기분이 조금 이상했다.

② 私は、性格が円満するほうです。(→円満な)

나는 성격이 원만한 편이다.

③ 人間關係が円満しなければならない。(→円満でなければ)

인간관계가 원만하지 않으면 안 된다.

④ 休暇中に、店の手伝いをしましたので、わたしの外出が可能したのは、店が休みの時だけでした。(→ 可能であった。)

휴가 중에 가게를 도와주고 있었기 때문에 외출이 가능했던 것은 가게가 쉴 때뿐이었다.

⑤ 冬の海は、私の心のように荒涼しました。(→ 荒涼としていました)

겨울 바다는 나의 마음처럼 황량했습니다.

⑥ 規則的な生活は、重要します。(→重要です)

규칙적인 생활은 중요합니다.

⑦ 村の人々が親切して、住みよいところです。(→ 親切で)

마을 사람들이 친절하고 살기 좋은 곳입니다..

⑧ 鬱陵島の風景も有名した。(→ 有名であった)

울릉도의 풍경도 유명했다.

⑨ 大海原を航海するのはとても痛快しました。(→ 痛快でした)

대해를 항해하는 것은 매우 통쾌했습니다.

⑩ 貴協曾で毎年出版されている外国人留学生のため大学(学

部)の入学案内の本が必要します。(→ 必要です)
귀 협회에서 매년 출판하고 있는 외국인 유학생을 위한 대학
(학부)의 입학안내의 책이 필요합니다.

　위의 오용 예에서 보는 것과 같이 한국어를 모어로 하는 일본어
학습자가 범하기 쉬운 「する」와 「하다」의 대응방법 중의 하나가
품사의 문제이다.

　〈표21〉은 「하다 형용사」가 「ナ形容詞」에 대응하는 한자어이다.
이 한자어 중 일본어에서는 연체형에 「の」를 사용할 수 있는 것도
있다.

〈표21〉「하다 형용사」가 「ナ形容詞」 대응하는 한자어

	漢字語	하다	する	の의 대응	な의 대응
A	僅少(근소)	+	-	+	-
	同一(동일)	+	-	+	-
	無數(무수)	+	-	+	-
	細心(세심)	+	-	+	-
	卑賤(비천)	+	-	+	-
	眞正(진정)	+	-	+	-
B	貴重(귀중)	+	-	-	+
	必要(필요)	+	-	-	+
	微妙(미묘)	+	-	-	+
	不便(불편)	+	-	-	+

B	誠實(성실)	+	-	-	+
	新鮮(신선)	+	-	-	+
	不公平(불공평)	+	-	-	+
	不規則(불규칙)	+	-	-	+
C	當然(당연)	+	-	+	+
	透明(투명)	+	-	+	+
	平等(평등)	+	-	+	+
	特有(특유)	+	-	+	+
	無關心(무관심)	+	-	+	+
	無意識(무의식)	+	-	+	+
	不滿足(불만족)	+	-	+	+

A는 「하다 형용사」가 일본어 「名詞」에 대응하는 한자어로 연체형 「한」에 「の」가 대응하는 한자어이다.

B는 연체형인 경우에는 「な・の」의 양쪽을 취할 수 있는 한자어이다. 이 한자어는 한국어에서도 「명사」로도 분류되기 때문에 일반적으로 「한→な, 의→の」의 대응 관계가 일치하고 있지만 「한→の」의 대응인 경우도 있다.

C는 연체형에 「の」는 취하지 않고 「한」이 「な」로 대응하는 한자어이다.

〈표22〉도 「하다 형용사」의 한자어로 「하다」의 접속이 가능하지만 일본어는 「と/として/とした/たる/たり」가 접속하는 한자어이다.

B는 연체형인 경우에는 「な・の」의 양쪽을 취할 수 있는 한자어이다. 이 한자어는 한국어에서도 명사로도 기능하기 때문에 일반

적으로 「한→な, 의→の」의 대응 관계가 일치하고 있지만 「한→
の」의 대응이 일어나는 한자어도 있다[9]

C는 연체형에 「の」를 취하지 않고 「한」이 「な」로 대응하는 한자
어이다. 단 문어적 표현이나 관용적 표현 등에는 「の」의 형태가 나
타나는 한자어도 있다.

A는 「と/として/とした」의 활용을 하는 것, B는 「たる/たり」의
활용을 하는 것, C는 「と/として/とした」와 「たる/たり」의 양쪽의
활용을 하는 것으로서 일반적인 구분을 했지만 개인차가 있다고
본다[10]

〈표22〉「하다 형용사」에 대응하는 한자어와의 접속여부

	漢字語	하다	する	と/として/とした	たる/たり
A	潑剌(발랄)	+	-	+	-
	生々(생생)	+	-	+	-
	殺伐(살벌)	+	-	+	-
	釈然(석연)	+	-	+	-
	判然(판연)	+	-	+	-

9) 「当然」은 「히」를 동반하고, 일본어는 「当然」만으로 사용되는 부사이다. 「*当然
に」

10) 「히」 등을 동반해서 부사적으로 사용될 때에 대응하는 일본어는 「に」가 아니
고 「と」 혹은 「として」이다(斷固히-斷固斷固として). 극히 일부 관용적인 표
현으로 「健全な精神」 등이 있고 또, 「○々」 형태의 「生々しい騷々しい」 등은
형용사로써 사용되고 있다.

B	廣漠(광막)	+	-	-	+
	暗澹(암담)	+	-	-	+
	漫漫(만만)	+	-	-	+
	明々白々(명명백백)	+	-	-	+
C	堂々(당당)	+	-	+	+
	油然(유연)	+	-	+	+
	泰然(태연)	+	-	+	+
	正々堂々(정정당당)	+	-	+	+
	意氣揚々(의기양양)	+	-	+	+

4-1-3. 「하다 형용사」가 일본어 「する動詞」에 대응하는 한자어

「하다 형용사」가 일본어는 동사인 한자어이다. 이 그룹의 한국 어의 「하다」의 술어에 일본어는 「している」로 대응하는 한자어이 다. 이 그룹의 「한자어+하다」는 동작을 나타내지 않고 상태를 나타 내고 있기 때문에 일본어는 「している」의 형태를 취하고 있다. 이 는 일본어를 모어로 하는 한국어 학습자가 「している」를 유추해서 「하고 있다」로 대응시키는 오용을 범할 수 있다. 단 술어에 「~해 있다」의 경우는 「している」가 대응한다.

상태를 나타내는 「한자어+하다」는 한자어가 대응하지 않고 고 유가 대응하는 경우도 있다[11]. 또, 이 한자어 그룹은 연체형 「한」이 「な」에 대응하지 않고 「した」에 대응한다. 동그룹의 「~해지다, ~해

---

11) 「亂하다→*亂れている」「和睦하다→仲睦つまじい」 등

진」에도「~になった」가 대응하지 않고「~した」가 대응한다[12]

〈표23〉「하다 형용사」에 대응하는 한자어

한자어	하다	する	している
窮乏(궁핍)	+	−	+
近似(근사)	+	−	+
緊迫(긴박)	+	−	+
衰弱(쇠약)	+	−	+
優越(우월)	+	−	+
適合(적합)	+	−	+
切迫(절박)	+	−	+
徹底(철저)	+	−	+
親近(친근)	+	−	+
充實(충실)	+	−	+
充足(충족)	+	−	+
卓越(탁월)	+	−	+
虛脫(허탈)	+	−	+
和睦(화목)	+	−	+
混乱(혼란)	+	−	+
混雜(혼잡)	+	−	+

---

12)「謙遜, 充実, 充足, 徹底」는「~히」를 동반해서 부사적으로 이용되는 경우 대응하는 일본어는「に」가 아닌「して」이지만「徹底的に」처럼 다른 표현도 가능하다.「満足, 不足」은「ナ形容詞」로서「満足である/満足な」,「不足である/不満足な」라는 표현도 가능하지만 동사쪽으로 많이 쓰여진다.「謙遜」은「形容詞」로 분류되어 있지만 일반적이라고 볼 수 없다.「-定」의 연체수식어는「した」이외에「の」가 쓰인다

4-2. 「하다 동사」가 일본어 품사에 대응하는 한자어

4-2-1. 「하다 동사」가 일본어 「名詞」에 대응하는 한자어

일본어에서는 「명사」로서 밖에 용법이 없는 한자어가 한국어에
서는 「하다」와 접속해서 동사가 되는 한자어이다. 이 한자어들은
한국어에 있어서도 일반적으로 명사로서도 많이 쓰이기 때문에 명
사로 쓰이는 경우는 일본어 용법과 일치한다.[13)]

이러한 한자어는 모두 「하다」를 접속해 서술어가 되기 쉬운 경
우, 대응하는 일본어는 한자어를 사용하지 않고 다른 어가 대응된
다. 단, 일부의 상태성을 나타내는 한자어에 「だ/である」나 「にな
る」를 붙여서 대응할 수 있다. 이 한자어 그룹 중, 극히 일부의 동
작성을 나타내는 「(義学, 手話, 当番)+をする」와 같이 조사가 붙어
대응하는 것도 있다.

또, 연체형에 「하는 · 한」이 접속될 수 있는 한자어는 일본어에서
는 「する · した」가 아닌 「の」가 대응한다. 「な」를 붙여 연체수식어
를 만들지만 실제는 거의 명사로 판단된다.[14)]

또, 한 · 일 양어가 사전상으로는 동사로서 일치하고 있어도 일
본어 쪽이 명사성이 강하기 때문에 연체수식의 「하는, 한, 할」이
「の」에 대응하는 예가 많이 보인다.

---

13) 단, 「不, 未」가 붙어 부정을 나타내는 어로 「する」가 붙는 경우는 없다
14) 단, 「陰密」은, 「陰密に」라고 하는 연용수식어를 만들 수 있다

〈표24〉「하다 동사」가 일본어 「명사」에 대응하는 한자어

한자어	하다	する
呵責(가책)	+	-
擧動(거동)	+	-
事情(사정)	+	-
義擧(의거)	+	-
忠誠(충성)	+	-
不干涉(불간섭)	+	-
非公開(비공개)	+	-
不參加(불참가)	+	-
不贊成(불찬성)	+	-
不合格(불합격)	+	-

4-2-2. 「하다 동사」가 일본어 「형용사」에 대응하는 한자어

〈표25〉는 「하다」에 「だ/である」가 대응하는 한자어이다. 연체수식어에 있어서는 「하는, 한」이 「な」에 대응한다. 또, 「の」가 대응하는 것도 있다. 이 그룹의 한자어가 명사적으로 사용되는 경우는 연체수식어에 있어서, 「의」에 「の」가 대응한다.[15] 한국어의 명사가 일본어의 「ナ形容詞」로 대응되는 한자어 중에는 「롭다, 스럽다」를 동반해서, 형용사가 되는 것, 「的」을 동반해서 일본어의 「ナ形容

---

15) 「揚々、転々」는 「と/たる」의 형태로 사용된다. 「膨大、相応、失礼、共通」은 일본어에서도 동사로서 사용되지만, 「膨大」는 동사보다도 「ナ形容詞」로서 사용된다.

詞」의 용법에 대응하는 것도 있지만 형용사로서 전혀 기능하지 않
는 한자어도 있다.

〈표25〉「하다 동사」가 「ナ形容詞 · 名詞」에 대응하는 한자어

한자어	하다	する
勤勉(근면)	+	-
同等(동등)	+	-
不振(부진)	+	-
不孝(불효)	+	-
殺生(살생)	+	-
相應(상응)	+	-
不注意(부주의)	+	-
評判(평판)(の)	+	-
懸命(현명)(の)	+	-
不服(불복)(の)	+	-
無抵抗(무저항)(の)	+	-
未分化(미분화)(の)	+	-
揚々(의기양양)(と/たる)	+	-
転々(전전)(と/たる)	+	-

4-3. 한국어 「명사」가 「-する動詞」에 대응하는 한자어

한국어에서는 명사로만 사용되지만 일본어는 「~する」의 형태로
서 동사로서 사용되는 한자어이다

한국어에 있어서는 다른 동사를 동반하는 한자어로 「~する」에
대응하는 「强盗, 苦役, 故障」은 동사로서 전혀 기능하지 않는 한자
어이다. 「~する」에 대응하는 표현은 한국어에서는 고유어나 다른
한자어이다[16)]

〈표26〉 한국어 「명사」가 「-する動詞」에 대응하는 한자어

한자어	하다	する
强盗(강도)	-	+
傾斜(경사)	-	+
苦役(고역)	-	+
故障(고장)	-	+
曲折(곡절)	-	+
控訴(공소)	-	+
供述(공술)	-	+
復刻(복각)	-	+
紛糾(분규)	-	+
勝負(승부)	-	+
養生(양생)	-	+
僞作(위작)	-	+
流刑(유형)	-	+
意見(의견)	-	+
自辦(자판)	-	+

16) 「勝負する」는 「勝ち負けを決めようと戦う」로 한국어에는 이와 같은 의미가
    없다.

絶唱(절창)	-	+
譫言(섬언)	-	+
歡喜(환희)	-	+

　상기의 예문 중 「意見する」 등의 선행 요소를 예문을 들어 구체적으로 고찰해 보기로 한다.

1)「意見する」

　(1) 先輩に意見する。
　　*선배에게 의견하다.
　　선배에게 충고하다.

　예문(1)의 「意見」은 의미의 범위가 한·일 양어에서 차이가 있다. 일본어의 「意見」은 「어떤 사항에 대한 생각」 이외에 「する」가 접속하여 「사람을 훈계하는 것」이라는 동작성의 의미·용법도 있다. 그러나 한국어의 「의견」은 명사로서의 의미는 같지만, 「하다」의 선행 요소로서는 용법이 없어 「사람을 훈계하다」라는 용법이 없어 「충고」를 대신으로 사용하지 않으면 안된다.

2)「故障する」

　(2) 時計が故障した。

*시계가 고장했다.
시계가 고장났다.

예문(2)의「故障」은 의미는 대략적으로 동일하면서 한국어는
「하다」의 선행 요소로서는 성분을 가지지 않고 일본어는「する」가
접속되어 동사로서도 용법을 가진다.「고장」은 한국어에 있어서는
「~하다」이외의 별도로 동사의 힘을 빌리지 않으면 동사로서 이용
할 수 없다.「고장나다」는「고장(N)+나다(V)」와 같이 분해할 수 있
다.

그러므로 일본어의「故障」은「故障している」또는「고장중」이
라는 용법이 가능하고 한국어에서는 동작성이 인정되지 않기 때문
에 동사의 동작 성분은 접미사에서는 없고 어근에 있다는 것을 알
수 있다.「~する」또는「~하다」가 동작성 그 자체를 가지고 있는
것이라면 어떠한 어도 선행 요소가 가능하지만 이와 같이 동사화
할 수 없는 경우도 있다.

3)「科学する」

최근, 학생들의 이공계 기피는 심각한 문제여서 과학의 노래가
불리어졌고 노래 가사에「과학하는 마음」이라는 용법이 한국어에
도 존재하기는 한다.

「科学する」의「科学」은 사전에는 명사로 인정하고 있기 때문에
「科学する」는 비문법이다. 그러나 실제적으로는 일반적 용어로는

아니지만 사용되고 있으며 그 의미는 「과학적으로 사물을 생각한다」라는 뜻이다. 이와 같이 본래 「する」와 결합해 サ変動詞를 만들수 없는 어를 고의로 결합시켜 그 의미성을 강조한 표현법이라고할 수 있을 것이다. 예를 들면, 『古代を科学する』는 NHK의 방송프로그램 타이틀로서 사용있어서 이러한 표현은 없고 「고대를 규명한다, 고대를 연구한다」와 같은 어로 대응할 수 있다.

　(3) 青春する。(青春を楽しむ)
　　　*청춘하다. → 청춘을 즐기다?

　(4) 哲学する。(哲学を研究する)
　　　*철학하다. → 철학을 연구하다?

　(5) 女子大生する。(女大生の生活を楽しむ)
　　　*여대생하다 → 여대생 생활을 즐기다?

　상기의 예문의 「青春する、哲学する、女子大生する」도 같은 형식의 「する動詞」로 한국어에서는 용법을 찾아볼 수 없는 것들이다.

4) 「交通する」

「交通する」는 일본어의 국어사전에 예문은 없고 일본인도 「する」의 결합의 가부에 대해서는 상당한 차이를 보인다. 이러한 「す

る」의 결합의 애매성은 개인차와 연령에 의해서도 다르다. 한국어
에는 「交通」은 명사로서의 용법만으로 「하다」를 부가해 용언화하
지 않는다. 이와 같이 한국어에서 한자어로 존재하더라도 「하다」
이외의 것에 접속하여 사용되는 한자어를 표로 제시한다.

〈표27〉「する動詞」에 대응하는 한국어 동사

일본어	한국어
-ガ 安打する	安打를 치다
-ガ 故障する	故障나다
-ガ 事故する	事故(가) 나다
-ガ 小便する	小便(을) 보다
-ガ 便秘する	便秘가 있다
-ガ 中傷する	中傷을 입다
-ガ 微笑する	微笑(를) 짓다
-ガ 傾斜する	傾斜지다
-ガ 司会する	司会(를) 보다
-ガ 収支する	収支(가) 맞다
-ガ 拍手する	拍手(를) 치다
-ガ 睡眠する	睡眠을 취하다
-ガ 矛盾する	矛盾 되다
-ガ 影響する	影響을 미치다
-ガ 注射する	注射(를) 놓다
-ガ 強制する	強制로 시키다
-ガ 共通する	共通 되다
-ガ 共同する	共同으로 하다
-ガ 解放する	解放시키다/되다
-ガ 信仰する	信仰이 있다

제5절 한 · 일 양어 한자어의 품사 비교 및 「하다/する」접속 여부

　지금까지 한 · 일 양어 중 어의가 일치하는 한자어의 품사의 대
응 관계를 고찰했다. 한 · 일 양어에 있어서는 어의 품사 · 용법이
거의 일치하는 한자어가 많기 때문에 한국어를 모어로 하는 일본
어 학습자는 한자어를 쉽게 습득할 수 있는 장점도 있지만 그 때문
에 오히려 미묘한 용법이나 상이점을 안이하게 받아들여 잘못된
표현을 쉽게 사용할 수 있는 문제점도 있다. 이 문제의 해결법을 찾
아보기 위해 본 연구는 총괄적으로 품사와 용법의 차이를 대조 연
구를 통하여 정리해 보았다.

〈표28〉 한 · 일 양어의 한자어와 「하다/する」접속 여부

한자어	하다	する
握手	+	+
演説	+	+
公開	+	+
出席	+	+
承認	+	+
変化	+	+
予習	+	+
勝負	-	+
意見	-	+
強盗	-	+

傾斜	−	+
苦役	−	+
故障	−	+
紛糾	−	+
勉強	+	−
同等	+	−
不振	+	−
不孝	+	−
殺生	+	−
相応	+	−
懸命	+	−
宇宙	−	−
映画	−	−
兄弟	−	−
肉体	−	−
暴力	−	−
有料	−	−
話題	−	−

한자어의 정확한 용법을 논하기 위해서는 한자어만이 아니고 양 언어의 구조 전체의 검토가 필요하며 또, 한자어가 어떤 형태로 양 언어에 수용되어서 사용되어 왔는가 하는 역사적인 시점도 양 언어의 특징과 용법에 중요한 문제라고 생각된다.

제7장

결 론

결론은 본 서의 목적에 따라서 도출된 결론을 대별하여 서술하고 일본어 교육의 관점에서도 제언하고자 한다.

한·일 양어가 기본적인 언어의 구조를 시작으로 많은 부분에 걸쳐서 유사하다는 것은 이미 잘 알려져 있다. 이 때문에 한국어를 모어로 하는 일본어 학습자는 영어 등 다른 외국어와는 다르게 일본어가 습득하기 쉬운 언어로 인식되고 있다. 그러나 한·일 양어가 유사한 것은 한국어를 모어로 하는 일본어 학습자가 일본어 습득이 빠른 경향은 있을지 모르지만 일본어다운 일본어를 구사한다는 면에서는 쉽지 않다. 외국어다운 외국어를 구사한다고 하는 것은 단순히 오용이 없는 문장을 표현하는 것이 아니고 습득하고자 하는 외국어의 자연스런 표현을 구사하는 것이 목표이다. 목표 언어를 보다 자연스럽게 구사하기 위해서는 다양한 어휘는 물론 표

현에 있어서도 모어와는 다른 목표 언어의 표현법을 익힐 필요가
있다. 또, 이러한 표현법은 목표 언어의 배경에 있는「발상」을 이해
하는 것이 무엇보다 중요하다.

　본 서에서는 한국어와 일본어의 가장 기본적인 동사의 하나로서
서로 대응하는「하다」와 「する」와의 대조를 통해서 양어의 어형
성의 공통점과 상이점을 고찰하였다.

　한·일 양어는 같은「한자문화권」으로 한자어가 큰 비중을 가지
고 있고 한자어가「する」와 결합하여 어형성의 면에서 생산적이기
때문에 한국어를 모어로 하는 일본어 학습자가 일본어를 습득하는
데 있어서 매우 도움이 되고 있음을 알 수 있다. 그러나 반드시 한
국어의「～하다」가 일본어의「～する」에 일본어의「～する」가 한
국어의「～하다」에 대응하지 않는 대용 관계의 차이 때문에 오히
려 모어로부터의 유추에 의해 발생하는 오용도 많다. 이러한 점은
일본어 교육적 측면에서「하다」와「する」의 대조 연구의 성과를
충분히 활용하면 효과가 클 것으로 기대된다.

　이것들에 관한 구체적인 지도법에 대해서는 똑같은 한자어를 선
행 요소로 하는 경우에 있어서도 문형의 구성 형식만으로는 문형
의 의미 파악이 곤란한 경우가 있다. 이와 같이 문형의 표현과는 분
명한 의미의 차이를 가진 경우는 개별적인 것으로서 취급해야 한
다. 이러한 특이한 문형 표현을 정리해 이것들을 하나의 단위로 제
시하는 것이 좋다. 특이한 표현을 대조 연구의 결과를 토대로 하여
용례별로 정리해 두면 한국어를 모어로 하는 일본어 학습자의 일
본어 습득에 크게 도움이 될 것이다.

본 연구는 「하다」와 「する」가 한 · 일 양어에서 가장 기본적인
동사로써 다양한 용법을 가지고 있어 복잡한 양상을 띠고 있다는
점에 착안하여 대조 연구라고 하는 관점으로부터 연구를 진행시켜
왔다.
  언어를 과학적으로 분석하는 것은 용이하지 않은 과제이고 다른
언어와의 대조는 더더욱 용이하지 않다.

  (1) 어형성의 면에서 「하다 동사」와 「する동사」를 고찰한 결과
어구조를 보면 한 · 일 양어의 「하다」와 「する」와의 선행 요소에는
어종으로는 고유어, 한자어, 외래어 등 모든 어종으로 구성되어 있
고, 품사는 공통적으로 명사가 주를 이루고 있으며 특히 한자어가
생산적이라는 점을 재확인할 수 있었다.
  한 · 일 양어 중 어의가 일치하는 한자어에 대해서 품사와의 대
용 관계는 어의품사 · 용법이 거의 일치하는 한자어가 많기 때문에
한국어를 모어로 하는 일본어 학습자는 한자어를 쉽게 습득할 수
있는 장점도 있지만, 그 때문에 오히려 미묘한 용법이나 상이점을
쉽게 받아들여 잘못된 표현을 쉽게 사용할 수 있는 문제점도 있다.
한자어의 정확한 용법을 논하기 위해서는 한자어만이 아니고 양
언어의 구조전체를 검토할 필요가 있으며 또, 한자어가 어떤 형태
로 양 언어에 수용되어서 사용되어 왔는가 하는 역사적인 시점도
양 언어의 특징이나 현대어의 용법에도 중요한 문제라고 생각된
다. 한국어의 「하다」는 동사 및 형용사로 구분되지만 일본어의 「~
する」는 모두 동사이다. 한국어의 「하다 형용사」가 일본어의 「する

動詞」에 대응하는 이유는 이 때문이다.

한국어의 「하다」의 선행 요소는 「기, (으), 이」의 접사에 의한 접사 파생법에 의해 명사화되어 어구조가 다양하고 일본어의 연용형 명사에 비교하면 복잡한 양상이다. 또, 일본어의 「~する」의 선행 요소에도 연용형 명사가 많고 연용형 명사에는 어구조가 복잡하고 다양하다.

일본어의 「~する」의 형태는 한국어에서는 「~하다」와 「~하다」의 수동태라고 일컬어지는 「~되다(される/になる)」와 사역형인 「~시키다(させる)」의 형태에 대응하는 경우가 있다. 이것은 한국어의 「~하다」는 순수한 능동성을 나타내는 경향이 강하고 상태와 자동성을 나타내는 때에는 「되다」의 형태가 사용되어 그 의미형태를 분담하고 있다고 생각할 수 있다. 이러한 점에서 일본어의 「~する」가 모두 같은 성질을 가지는 것이 아니라는 것을 시사한다.

参/考/文/献

- 服部四郎(1968)、「一言語学者の見た隣国」『文学』
- 浅野鶴子(1975)、「外国人のための基本語用例辞典」分化庁 阿刀田穩子
- 星野和子(1995)、「擬音語・擬態語使い方辞典」創托社
- 天沼寧(1996)、『音語・擬態語辞典』東京党出版
- 飯豊毅一(1964)、「サ変・カ変の問題」「口語文法講座3 ゆれ ている文法」明治書院
- 池上嘉彦(1976)、『意味論』大修館書店 (1981)
- 石井正彦(1987)、「漢語サ変動詞と複合動詞」『日本語学』2月 号　明治書院
- 石野牧(1997)、「名詞化表現に闘する一考察-英語と日本語 の比較一』『待乗山論義』第31号　大阪大学文学部
- 石綿敏雄・高田誠(1992),「對照言語学」櫻楓社
- 泉文明(1998)、「日本語と外国語の対照8章日本語とコリア 語』『新しい日本語研究を学ぶ人のために』世界思想社
- 伊与部みち子(1997)、『現代語における形式動詞「する」の研 究』横浜国立大学 大学院教育学研究科修士学位論文
- 岩波書店辞典編集部編(1992)、『逆引き広辞苑』岩波書店
- 梅田博之(1982)、「韓国語と日本語-對照研究の問題点-」「日 本語教育」第48号日本語教育学会

- 浦谷宏(1992)、「「お・ご～する」に関する一考察」『辻村敏樹教授古稀記念 日本語史の諸問題』明治書院
- 大石享・松本裕治(1995)、「格パターン分析に基づく動詞の語彙知識獲得」「情報処理学会論文誌」36―11 情報処理学会
- 大阪外国語大学朝鮮語研究室編(1986)、『朝鮮語大辞典』角川書店
- 大村益夫(1979)、「日本語・朝鮮語の表現についそ」『講座日本語教育』第15分冊 早稲田大学語学教育研究所
- 大野普(1966)、『日本語の年輪』新潮社
- 岡村久子、杉浦茂男(1975)、『現代英語の単語形成論」こびあん書房
- 小川芳男他編(1982)、「日本語教育辞典」大修館書店
- 奥田一廣(1976)、「朝鮮語の対格助詞「을(를)」についてーとくにその文法機能及び意義素を中心に―」『朝鮮学報』第78号 朝鮮学会
- 奥田邦男(1986)、「日本語の動詞の分類に闘する一考察―漢語動詞を中心に―」『広島大学教育学部紀要第二部』第34号 広島大学教育学部
- 奥津敬一郎(1964)、「「ダ」で終わる文のノミナリゼーション -展成文法への試み―」『国語学』第56集 国語学会
    _____(1975)、「複合名詞の生成文法』『国語学』第101集 国語学会
    _____(1992)、「存在文の対照研究(3)」『日本女子大学紀

要　文学部』41

_____(1992)、「日本語の受身文と視点」『日本語学』11-9

_____(1996)、「連体即連用・第5・6・7・8回 機能動詞文その1・2・3・4」『日本語学』15-3・4・5・6

_____(1996)、「連体即連用・第9・10・11回 自然現象文その1・2・3』『日本語学』15-7・8・9

_____(1996)、「連体即連用・第12・13・14回 変化動詞文 その1・2・3』『日本語学』15-10・11・12

_____(1997)、「連体即連用・第15・16回 変化動詞文その4・5」『日本語学』16-1・2

_____(1997)、「連体即連用・第17・18・19・20・21・22回 変化動詞文その1・2・3・4・5・6」『日本語学』16-3・4・5・6・7・8・9

• 大村益夫(1969)、「朝鮮語の発音と構造：日本語との比較」『講座日本語教育』第5分冊

• 生越直樹(1982)、「日本語漢語動詞における能動と受動-朝鮮語hata動詞との封照-」『日本語教育』第48号日本語教育学舎

_____(1989)、「文法の封照的研究-朝鮮語と日本語』『講座日本語と日本語教育』：第5巻明治害院

_____(1992)、「韓国人日本語学習者のボイスに闘する誤用-漢語動詞の誤用を中心に-」『教育賞践研究指導センター

紀要』横浜国立大学教育学部

• 算毒雄・田守育啓(1993)、『オノマトピア』勤草書房

• 景山太郎(1979)、「漢字語動詞と変形の必要性」『言語』7-6

　　　　　(1993)、『文法と語形成』ひつじ書房

　　　　　(1995)、「文と單語」『日本語学』5月号 明治書院

　　　　　(1996)、『動詞意味論－言語と認知の接点－』くろし
お出版

　　　　　(1998)、「日本語と外国語との封照第1章日本語と英
語」『新しい日本語研究を学ぶ人のために』世界思想社

• 影山太郎・柴谷方良(1989)、「モジュール文法の語形成論－
「の」名詞句からの複合語形成－」『日本語学の新展開』研究者
出版

• 影山太郎・由本陽子(1997)、『語形成之概念構造』研究社出
版語学の新展開」くろしお出版

• 加藤秦彦・福地務(1989)、『外国人のための日本語例文問題
シリーズ14擬音語・擬態語』荒竹出版

• 耐田靖子(1982)、「「する」と「やる」」『日本語教育事典』大修館
書店

• 門脇誠一(1982)、「日本語と朝鮮語の語彙」『日本語教育』第
48号 日本語教育学会

• 金子比呂子(1990)、「「して」からみた「N1」をN2 にして」」の
位置付け方 東京外国語大学外国語学附屬日本語学校

• 北原保雄(1984)、『文法的に考える』大修館書店

- 木村陸子(1996)、「自他両用動詞の實態」「山口明穂教授還暦記念国語学論集」明治書院
- 金田一京助(1998)、『新明解国語辞典』三省堂
- 金田一春彦編(1976)、『日本語動詞のアスペクト』むぎ書房
- 金田一春彦・池田弦三郎編(1981)、『学研国語大辭典』学習研究社
- 金田一春彦外1(1995)、『日本語百科大事典』大修館書店
- 言語学研究会(1983)、『日本語文法・連語論(資料編)』むぎ書房
- 久野章(1973)、『日本文法研究』大修館書店
- 小泉保(1989)、『日本語基本動詞用法辞典』大修笛書店
- 国語学会編(1980)、『国語学大辭典』東京堂出版
- 国立国語研究所(1951)、『現代語の助詞』秀英出版

  ＿＿＿＿＿＿＿(1972)、『動詞の意味・用法の記述的研究』秀英出版

  ＿＿＿＿＿＿＿(1984)、『日本語教育のための基本語彙調査』秀英出版

  ＿＿＿＿＿＿＿(1990)、『語彙の研究と教育(下)』
- 三枝毒勝(1999)、「韓国からの翻訳」『日本語学』3月号明治書院
- 阪田雪子(1990)、「連語・慣用句」『講座日本語と日本語教育』第7巻　明治書院
- 坂詰力治(1981)、「和漢混清文におけるサ変動詞についての

一考察』『文学論藻』

- 佐久間開(1983)、『現代日本語の研究』くろしお出版
- 柴公也 (1986)、「漢語動詞の態をいかに教えるか-韓国人学生に封して-』『日本語教育』第59考 日本語教育学会
　　　　(1992)、「漢語語+시키다」について-再踊性・他動性・使役性・受動 性との関わりをめぐって-」『朝鮮学報』第144輔　朝鮮学会
- 柴谷方良(1978)、『日本語の分析』大修館書店
- 城田岐 (1998)、『日本語形態論』ひつじ書房
- 陳満里子(1996)、「現代朝鮮語の-로格について-単語結合論の観点から-』『朝鮮学報』第160輯
- 鈴木重幸(1972)、『日本語文法・形態論』むぎ書房
- 高橋太郎(1981)、『動詞の研究』むぎ書房
- 田島堂(1970)、「サ変動詞について」『国語学論説資料』7
- 塚元勲(1979)、「日本語比較表現論」『日本語と日本語教育-文学・表現論-』国立国語研究所
- 塚元勲(1998-1999)、「日本語と朝鮮語の系統」『日本語学』1998年7月号～1999年4月号　明治害院
- 塚元秀樹(1997)、「語彙的語形成と統語的語形成ー日本語と朝鮮語の封照研究』『日本語と外国語をの封照研究IV日本語と朝鮮語』国立国語研究所
- 塚本秀樹・寛相哲(1994)、「韓国語における漢語動詞の受身文について」『朝鮮学報』第153輯　朝鮮学会

- 土屋俊 (1989)、「動詞は名詞とどこが違うのか」『言語』9月号 大修館書店

- 角田太作(1991)、『世界の言語と日本語』くろしお出版

- 鶴田庸子(1986)、「謙譲表現「お〜する」の使用條件」『アメリカカナダ十一連合日本センター紀要』第9号 アメリカカナダ十一連合日本センター

- 寺村秀夫(1968)、「日本語名詞の下位分類」『日本語教育』第12号 日本語教育学会

  ＿＿＿＿＿(1982)、『日本語のシンタクスと意味』くろしお出版

  ＿＿＿＿＿(1984)、『日本語のシンタクスと意味』くろしお出版

  ＿＿＿＿＿(1992)、「日本語名詞の下位分類」「寺村秀夫論文集Ⅰ」くろしお出版

  ＿＿＿＿＿(1993)、「ナル」表現と「スル」表現-日英態表現の比較-『寺村秀夫論文集Ⅱ言語学・日本語教育編」くろしお出版

- 時該誠記(1950)、『日本文法口語編』岩波書店

- 中村通夫(1957)、「講座現代の用字・用語教育2 單語教育」春秋社

- 中村幸弘(1974)、「補助動詞「す」の論」『国学院雑誌』7月号国学院大学

- 並川千恵(1992)、「一般化と特徴化-名詞、動詞と名詞轉換動詞の意味-」『芸文研究』第61号 慶忘義塾大学学会

- 中山英治(1999)、「仮定的な事態を差し出す「〜とする」とその周辺『平成11年度 国語学会秋期大会要旨集』

• 西尾寅弥(1988)、「動詞の運用形の名詞化の関する一考察」
『現代語彙の研究』明治書院
_____(1988)、「擬音語・擬態語+する」の形式について
『現代語彙の研究』明治書院
• 西尾實(1995)、『岩波国語辞典』岩波書店
• 仁田義雄(1991)、『語彙論的統語論』
• 明治書院(1997)、『日本語文法研序究設日本語の記述文法を
目指して』くろしお 出版 日本語教育学会編(1982)、『日本語
教育事典』大修館書店
• 沼本克明(1986)、『日本漢字音の歴史』
• 沼本克明(1988)、『日本語のモーラ音素「ン」の通時的背景寸
考』
• 野口清(1997)、「「名詞+(を) +する」の文構造に闘する一考
察」『朝鮮学会第114 回大会予稿集』言語学会
• 野間秀樹(1990)、「朝鮮語の名詞分類-語彙論・文法論のた
め-」『朝鮮学報』第135輯　朝鮮学会
• 野村雅昭(1987)、「二字漢字語の構造」「複合漢字語D構造」
『朝倉新日本語講 座1.文学・表記と語構成』
• 野村雅昭(1988)、「二字漢語分構造」『日本語学』明治書店
• 野村雅昭(1992)、「造語法毫造語力」『日本語学』明治書店
• 橋本進吉(1934)、「新文典別記上級用」富士山房
• 長谷川信子(1997)、「「VN＋する」構文」『言語』11月号 大修館
書店

- 林史典他3人編(1988)、『国語基本用例辞典』教育社
- 針谷明子(2000)「動詞「やる」の意義特徴」学習院大学大学院人文科学研究科修士論文
- 針谷明子(2000)「動詞やるについて—動詞すると の相違」創価大学日本語日本文学科卒業論文
- 日向敏彦(1984)、「漢語サ変動詞の構造」『上智大学国文学論集』第18号上知大学国文学
- 廣浜文雄(1965)、「複合してサ変動詞を作る漢字語の意味分類(2)」『山辺道』第12号 天理大学国文研究室
- 文化庁(1972)、『日本語之日本教育語彙篇』
  _____(1973)、『日本語之日本語教育文法篇』
  _____(1978)、『基本語用例辞典』
  _____(1983)、『外国人のための基本語用例際典第1』大蔵省印刷局
- 北條正子(1973)、「サ変になり得る名詞(英語)」『品詞別日本文法講座10品詞論の周辺』明治書院
- 堀江薫 (1998)、「コミュニケーションにおける言語的文化的要因-日韓対照言語学の観点から-」『日本語学—複雑化祀曾のコミュニケーション—』9月臨時増刑号明治書院
- 丸田孝志・林憲爆(1997)、「「漢語+になる」の用法と特徴」『朝鮮学報』第163 輯　朝鮮学会
- 宮島達夫(1956)、「動詞から名詞をつくること」「ローマ字世界』1月号

- 三上章(1972)、『現代語法序説』くろしお出版
- 水野義道(1988)、「漢字語系接瞬の機能」『日本語学』
- 村木新次郎(1980)、「日本語の機能動詞表現をめぐって」『国立国語研究報告65研究報告集2』秀英出版

　　　　　　(1984)、「機能動詞の記述」「国文学解穏と鑑賞」第48巻6号至文堂
- 森岡健二(1965)、「口語文法講座6 用語解説編」明治書院
- 森田芳夫(1983)、「韓国学生의日本語学習에있어서의 誤用例」誠信女子大学校
- 森田良行(1977)、「基礎日本語」角川書店

　　　　　(1982)、「日本語の動詞の意味について」『日本語教育』第47号日本語教育学会

　　　　　(1984)、「文法学習に役立つ語彙教育-意味論的表現文法の出獲点-」『講座日本語教育』第20分冊早稲田大学語学教育研究所

　　　　　(1987)、「基礎日本語1」角川書店 (1988)、『日本語の類意表現』創拓社

　　　　　(1989)、「動作・状態を表す言い方」「講座日本語教育』第4分冊 早稲田大学語学教育研究所

　　　　　(1989)、「基礎日本語辞典」角川書店

　　　　　(1994)、『動詞の意味論的文法研究』明治書院
- 森山卓良(1988)、『日本語動詞述語文の研究』明治書院一
- 山口佳紀(1976)、「休言」「岩波講座日本語」6文法I,岩波書店

- 安田滋 (1975)、「日本語の比較：「する」と「行う」について」『日本語学校論集』
- 矢野謙一・稲葉継雄(1986)、「韓国語の表現『応用言語学講座2 外国語を日本語』明治書院
- 山田孝雄(1936)、「日本文法学概論」室文館出版

  ＿＿＿＿(1940)、『国語の中に於ける漢字語の研究』宝文館
- 山中桂一(1998)、「日本語のかたち封照言語学からのアプローチ」東京大学出版社
- 山梨正明(1995)、「認知文法論』ひつじ書房
- 横澤和子(1997)、「日本語の複合動詞ー逆形成を中心にー」「東大女子大学日本語文化研究」第6考 東京女子大学
- 米川明彦(1992)、「新語と造語力」『日本語学』5月号 明治書院
- 강영부(1988),「(さ)せる」による派生他動詞について」『日本学報』20韓国日本学会

  ＿＿＿＿(1997),「한국어의 「-게 하다」와 일본어의 「-(さ)せる」 생산성의 차이를 중심으로」『日語日文学研究』31韓国日語日文学会
- 김동수(1981),「日本語의形容動詞에 관한 고찰『同大論叢』11 同徳女子大学校
- 김명숙(1995),「日本語複合動詞 後項에 관한 考察『日本語文学』1日本語文学会
- 김미란(1987),「形容動詞에 관한一考察『日本学報』9韓国日本学会

- 김상진(1997),「サ変動詞「スル」에 관한 考察」『語文学研究』4 洋明女子大学
- 김선희(1995),「「について」「に闘して」「に封して」およびその 連体表現における意味と用法上の差異の考察」『人文論叢』창원대 인문학과연구소

  _____(1990),「現代日本語における「について」「に闘して」「に封して」の 用法上の差異についてアンケート調査を中心に」『語学研究』30東北大学

  _____(1995),「動詞から派生した後置詞の機能について」『日本語文学』1 日本語文 学会
- 김승한(1986),「漢字語~する」動詞와「漢字語~되다」動詞의 封応闘係考察」
- 『濟州大論文集』22(人文学篇)濟州大学校
- 김영권 · 斉藤明美(1996),「韓国語話者が間違えやすい日本語名詞 · 形容詞 · 動詞の誤用例を中心に」『韓林専門大論文集』26輪林専門大学
- 김완식(1993),「動詞「하다」와 「する」의対照研究形式動詞와代動詞를중심으로」『晩光朴熙泰教授停年退任記念論叢』同刊行委員会
- 김원호(1990),「「お~になる」型と「れる」型敬語考」『日本学報』25韓国日本学会
- 김은옥(1994),「日本語 · 韓国語における漢語の対照研究」『文教大国文』23文教大国語研究室

- 김정란(1995),「韓国語「하면(hamjon)の研究」」『對照言語学研究』5 大東文化大 文学部人文科学研究所
- 김창규(1995),「形容動詞の位置づけをめぐって」『日語日文学』4大韓日語日文学会
- 금명숙(1995),「日本語複合動詞後項에 관한 考察」『日本語文学』1,日本語文学会
- 권기수 · 채경희(1987),「韓国語動詞分類試論」『文献探究』19 九州大文学部
- 남영복(1989),「「되다」と「なる」について」『洋明女大論文集』24洋明女子大学

　　　　(1995),「「한자어 명사+する/하다」의 통사적 측면에 대한 대조 연구」『人文科学研究』14 大邱大学校

　　　　(1997),「「〜にする」와「〜로 하다」의 대조 연구」『日語日文学』7　大韓日語日文学会

　　　　(1998),「XがYになる」구문과「X가 Y가 되다」구문의 대조 연구」『日語日文学研究』32韓国日語日文学会
- 류용규(1985),「ダ形容詞(形容動詞)의 受容에 대하여」『日本学報』15　韓国日本学会

　　　　(1989),「「形容動詞」의 品詞設定에 관한 考察」『仁川大論文集』14 (綜合篇),仁川大学校

　　　　(1991),「日本語의　品詞設定에관한研究；ダ型形容詞를中心으로」『瑞松李榮九博士華甲記念論叢』同刊行委員会

　　　　(1997),「所調「形容動詞」と「하다/hada/形容詞韓日封

照研究の見地から」『勝山鄭致薫教授定年記念論文集』同刊行委員会

- 박승빈(1935),『조선어학』탑출판사
- 박재권(1983),「変化の結果を表わす「ニなる」と「トなる」について、現代日本語の場合」『中央大国文』31中央大国文学会
  _____(1997),「現代日本語・韓国語の格助詞の比較研究』勉誠社
  _____(1997),「「～になる」와「～となる」」『日本研究』11韓国外大日本研究所
- 박종문(1987),「日本語形容動詞小考」「釜山産業大論文集」8-1(人文科学篇) 釜山産業大学
- 배덕희(1985),「韓・日移動動詞に開する研究「가다・오다」「行く・来る」を中心に』『日本学報』15韓国日本学会
- 서성복(1986),「「動詞+動詞」型複合動詞化について「現代国語」の用例分析」『日本学報』16韓国日本学会
  _____(1989),「日本語複合動詞의 結合關係分析』『釜山女子専門大論文集』10　釜山女子専門大学
- 서정수(1986),「동사 – 하– 관한 연구」『延世大学学位論文』
- 신석기(1993),「日本語と韓国語の漢語動詞受動の形態を中心として」『日本語と日本文学』18筑波大文芸言語学系内筑波大国語国文学会
- 심재기(1982),『국어 한자 어휘론』박이정출판사
- 안병걸(1988),「日・韓雨語動詞の封照研究漢語サ変動詞と

「漢字語+hada」動詞を中心に」『教育学研究科博士課程論文集』14 広島大学院教育研究科

＿＿＿＿(1989),「日・韓雨語動詞の封照研究日本語「する」韓国語「하다」動詞について」『教育研究紀要』34中国四国教育学会

＿＿＿＿(1990),「日本語「する」・韓国語「하다」動詞について」『広島大教育学会会報』25広島大教育学会

• 안희정(1997),「「漢語サ変動詞」と「慣用的連語」をめぐって」『日本研究』12 中央大日本研究所

• 양경모(1995),「동사와 명사의 결합에 관한 대조 고찰, 일본어와 한국어의 기능 동사 결합을 가지고」『언어학』17 한국언어학회

• 양순혜(1982),「現代韓・日雨国語の封照比較(Ⅱ)複合動詞を中心にして」『日語日文学研究』3韓国日語日文学会

• 김광해(1993) 제2장 어휘의 계량「국어어휘론 개설」집문당

＿＿＿＿(2003) 등급별 국어교육용 어휘 박이정

• 김한샘(2005) 현대국어 사용빈도 조사2 국립국어원

• 서상규(2001) 말뭉치의 주석과 한국어 기본 어휘의 미빈도사전 계량 언어학1, 박이정

• 심재기외(2011) 2장국어 어휘의 어종「국어어휘론 개설」지식과 교양

• 윤호숙(2007) 한국인 일본어 학습자의 일본어사전 이용의 문제점 언어와 언어학39, 한국외국어대학교 언어연구소

- 李忠奎(2012)「日本語と韓国語の複合動詞の類似点―塚本(2009)の類似点の批判的な検討―」、『日本學報』韓國日本學會
- 李忠奎(2012)「日本語と韓国語の複合動詞の相違点―塚本(2009)の相違点の批判的な検討―」、『日本文化學報』54、65-81. 韓國日本文化學會
- 李忠奎(2013)「日本語の介在要素有りタイプの動詞結合―格支配という観点からの分析を導入しての下位分類―」、『日本學報』韓國日本學會

金愛東

(國立)愛媛(에히메)大学大学院碩士
(國立)広島(히로시마)大学大学院 博士

【논문】
「西洋語起源の外来語受容に関する韓日両言語の対照研究」
「韓国人日本語学習者のための外来語習得の対照研究」
「일본 단기연수를 통한 학습동기 유발 및 일본문화에 대한 태도변화에 관한연구」
「日本で学ぶ韓国人留学生数の増減に対して韓国経済主要指標が及ぼす影響の研究」

「하다」와 「する」의 言語学

초판 인쇄 | 2017년 12월 5일
초판 발행 | 2017년 12월 5일

지 은 이 김애동(金愛東)

책임편집 윤수경

발 행 처 도서출판 지식과교양
등록번호 제2010-19호
주   소 서울시 도봉구 쌍문1동 423-43 백상 102호
전   화 (02) 900-4520 (대표) / 편집부 (02) 996-0041
팩   스 (02) 996-0043
전자우편 kncbook@hanmail.net

ISBN 978-89-6764-105-4 93730   정가 12,000원